Wissenschaftliche Beiträge aus dem Tectum Verlag

Reihe Politikwissenschaft

Wissenschaftliche Beiträge
aus dem Tectum Verlag

Reihe Politikwissenschaft
Band 102

Philipp Decker

Euroskeptizismus in Österreich

Eine Studie über nationale Identität und EU-Ablehnung

Mit einem Vorwort von Prof. Dr. Anton Pelinka

Tectum Verlag

Philipp Decker
Euroskeptizismus in Österreich
Eine Studie über nationale Identität und EU-Ablehnung

Wissenschaftliche Beiträge aus dem Tectum Verlag
Reihe: Politikwissenschaft; Bd. 102

ISBN 978-3-8288-4818-4
ePDF 978-3-8288-7932-4
ISSN 1861-7840

Gesamtverantwortung für Druck und Herstellung:
Nomos Verlagsgesellschaft mbH & Co. KG
Printed in Germany

Umschlaggestaltung: Tectum Verlag, unter Verwendung des Bildes
2174580723 von Postmodern Studio | www.shutterstock.de

Besuchen Sie uns im Internet
www.tectum-verlag.de

Bibliografische Informationen der Deutschen Nationalbibliothek
Die Deutsche Nationalbibliothek verzeichnet diese Publikation
in der Deutschen Nationalbibliografie; detaillierte bibliografische
Angaben sind im Internet über http://dnb.d-nb.de abrufbar.

Vorwort

Als 1994 die Regierungen Österreichs, Finnlands, Schwedens und Norwegens – nach Abschluss der Beitrittsverhandlungen – in einer Volksabstimmung die Mitgliedschaft in der Europäischen Union direkt demokratisch legitimieren wollten, war unter allen Beitrittskandidaten die Zustimmung in Österreich am deutlichsten: Etwa zwei Drittel der Wahlberechtigten Österreicherinnen und Österreicher befürworteten Österreichs Mitgliedschaft in der Union. Ein Viertel Jahrhundert später war dieses Bild bereits verschoben: In Österreich schwankte (und schwankt) die Mehrheits-Einstellung zur Union zwischen Skepsis und Ablehnung. Ein besonders EU-freundliches Land war zu einem der besonders EU-kritischen Mitgliedsstaaten geworden.

Philipp Decker geht in seinem Buch der Frage nach, wie dieser Wandel zu erklären ist. Decker stützt sich dabei auf den Zugang und die Erkenntnisse von „Comparative Politics", des Vergleichs politischer Systeme. Er arbeitet heraus, was Österreich – im Vergleich mit anderen europäischen Demokratien – besonders macht. Deshalb kommt der Rolle der Freiheitlichen Partei Österreichs (FPÖ), die zwischen 2000 und 2006 und wieder zwischen 2017 und 2019 Teil einer von der konservativen Österreichischen Volkspartei (ÖVP) geführten Regierungskoalition war, eine spezifische Bedeutung zu: Der Wandel dieser Partei vom Deutschnationalismus und der damit verbundenen Distanz zu einer betont eigenständigen Österreich-Identität, zu einer Partei des EU-skeptischen Österreich-Patriotismus ist ein aufschlussreiches Phänomen. Die FPÖ – in diesem Sinn ein Beispiel für den europäischen Rechtspopulismus, von Gianfranco Fini und Viktor Orban bis Boris Johnson und Marine Le Pen – artikuliert (und instrumentalisiert) die Abstiegs- und Verlustängste eines Teils der Gesellschaft, der sich durch die europäische Integration und die damit verbundene Öffnung innereuropäischer Grenzen bedroht fühlt.

Die FPÖ, die aus einer österreichischen Tradition der unbedingten Orientierung am „Anschluss" Österreichs an Deutschland kommt, hat ihren – deutschen – Nationalismus durch einen Österreich-Patriotismus ersetzt. Dieser Wandel ist auch als Begleiterscheinung eines Prozesses von „Nation Building" zu sehen, der in Österreich eine spezifische Verspätung erfahren hat: Vom Habsburg-Trauma und einer Habsburg-Nostalgie über das Scheitern des real erlebten „Anschlusses" zur Akzeptanz einer Kleinstaatsidentität à la Schweiz; einer Identität, die durch das Voranschreiten der europäischen Integration herausgefordert wird.

Deckers Österreich-Studie ist auch ein Beitrag zur Demokratieforschung: Diejenigen, die in politischen „Leadership"-Funktionen tätig sind, reduzieren ihre Rollen zunehmend auf die Beobachtung von und das Reagieren auf demoskopisch erhobene Tendenzen innerhalb der öffentlichen Meinung. Sie versuchen erst gar nicht, politische Überzeugungsarbeit zu leisten. Dass gerade Österreich ein besonders eindringliches Fallbeispiel ist, ergibt sich aus einer Gegenüberstellung – zwischen der Bereitschaft und Fähigkeit der österreichischen Regierung in den frühen 1990er Jahren, durch einen offensiv geführten politischen Diskurs eine noch bis kurz vor dem Plebiszit von 1994 mehrheitlich EU-skeptische öffentliche Meinung von den Vorteilen einer EU-Mitgliedschaft zu überzeugen; und der gegenwärtig zu beobachtenden achselzuckenden Hinnahme demoskopischer Befunde als quasi naturgegebene Bestimmungsfaktoren.

Decker stellt auch eine Verbindung zur Demokratietheorie her – durch seinen Verweis darauf, dass die Zahl der – legal – in Österreich lebenden Nicht-ÖsterreicherInnen ständig im Steigen begriffen ist. Darauf antworten die (meisten) österreichischen Parteien nicht mit einer Erleichterung des Zuganges zur Staatsbürgerschaft, wie es der Demokratietheorie und einem Demokratiegebot à la Robert entsprechen würde, sondern mit einer Mischung aus politischer Angststarre und populistisch angeheizter Nutzung vorhandener Vorurteile gegen „Fremde". Und „Brüssel" als Synonym eines angeblichen Diktats, das – so die populistische Zuschreibung – von oben und von außen kommt, bietet sich geradezu idealtypisch als Sündenbock an.

Die Vorstellung einer perfekten nationalstaatlichen Souveränität erweist sich in Zeiten der Pandemie und der Energiekrise, aber auch der Solidaritätsverpflichtungen angesichts eines innereuropäischen Krieges, als naives Wunschdenken. Aber in ein solches flüchten sich diejenigen, die angesichts krisenhafter Entwicklungen auf weniger – und nicht auf mehr Europa setzen. Philipp Deckers Buch ist ein wichtiger Beitrag zum Verständnis dieser Neigung, auf (vermeintliche oder reale) Bedrohungen nicht mit Politik, sondern mit Politik-Verweigerung zu reagieren.

Anton Pelinka

Professor (ret.) of Nationalism Studies and Political Science,
Central European University, Budapest

July 2022

Inhaltsverzeichnis

Abbildungsverzeichnis

Einleitung

Diese Arbeit befasst sich mit dem Phänomen der Skepsis und der Ablehnung gegenüber der Europäischen Union in Österreich. War das Ergebnis des Referendums zum EU-Beitritt Österreichs vom 12. Juni 1994 mit beinahe zwei Dritteln Zustimmung extrem klar, so änderte sich die Stimmung gegenüber der EU zunehmend, und die ÖsterreicherInnen wurden in der Folge zu führenden EU-KritikerInnen in Europa.

Auf der einen Seite wurde die EU-Mitgliedschaft Österreichs zu einer Erfolgsgeschichte, in der die damaligen politischen Vertreter Österreichs als „Helden von Brüssel" betitelt wurden. Durch ihren öffentlich anerkannten Verhandlungserfolg genossen sie lange Zeit parteiübergreifend Popularität. Doch die Zeit der Helden von Brüssel scheint längst vorüber. Euroenthusiasmus, der durch Einführung einer gemeinsamen europäischen Währung und EU-Erweiterungsrunden nach Osten und Süden weiter angefacht wurde, ist einer zunehmend euroskeptischen Einstellung gewichen, welche in der politikwissenschaftlichen Fachliteratur Euroskeptizismus genannt wird. Was manche in den frühen 2000er-Jahren noch vor allem in Bezug auf den charismatischen Rechtspopulisten Jörg Haider – das „Haider-Phänomen" (Wodak und Pelinka 2002) – zu erklären versuchten, scheint mittlerweile zu einer Form der Normalität geworden zu sein: Aufschwung von Rechtspopulismus, zunehmende Salonfähigkeit von exklusivem Nationalismus in unterschiedlichen Spielarten sowie Mainstreaming von Euroskeptizismus. Seit einigen Jahren geht es im öffentlichen Diskurs, angetrieben von der nationalistischen und rechtspopulistischen Freiheitlichen Partei Österreichs (FPÖ), um den Kampf gegen „die Zentralisten in Brüssel", „Fremdbestimmung" und „EU-Verräter".

Faktum ist, dass es in den letzten beiden Jahrzehnten zur Formierung einer EU-skeptischen bis EU-ablehnenden Haltung unter einem signifikanten Teil der Bevölkerung gekommen ist. So meinten im Mai 2014 in einer Umfrage 70 Prozent der befragten ÖsterreicherInnen, dass sich die EU in eine falsche Richtung entwickeln würde. Nur 23 Prozent meinten, sie wäre auf dem richtigen Weg.[1] Jenseits Österreichs waren die markantesten Ereignisse die gescheiterten Referenden zum EU-Verfassungsvertrag in Frankreich und den Niederlanden, zum Vertrag von Lissabon in Irland 2008 und dem Brexit-Referendum in Großbritannien 2016. Darüber sollte auch die regelmäßige und medial breit verkündete Rückbesinnung auf notwendiges europäisches Handeln und das Suchen nach gemeinschaftlichen Lösungen als Reaktion auf Krisen nicht hinwegtäuschen. Was man vor dem Brexit-Referendum im Jahr 2016 womöglich bloß für die Eigentümlichkeit eines Kleinstaates im Herzen Europas hielt, hat seit dem tatsächlichen EU-Austritt Großbritanniens an Relevanz gewonnen.

Ziel dieser Arbeit ist es zu analysieren, warum gerade die Mythen von Nation und Exklusivität so leicht für politische Ziele und insbesondere EU-Ablehnung zu missbrauchen sind und warum gerade Österreich davon so stark betroffen ist. Einerseits findet eine Polarisierung und Emotionalisierung durch populistische Instrumentalisierung von nationaler Identität, insbesondere durch die FPÖ, statt. Andererseits gerät das liberale europäische Integrationsprojekt selbst zur Zielscheibe illiberaler Nationalisten, wobei die politischen Eliten der Mitte wiederholt zögern, sich jenen Strömungen entgegenzustellen die kontinuierlich an der Konstruktion einer Ablehnungsfront gegenüber der EU arbeiten. So lässt sich beobachten, wie sowohl Mitte-Rechts-Akteure innerhalb der Österreichischen Volkspartei (ÖVP) als auch vereinzelt Mitte-Links-Akteure innerhalb der Sozialdemokratischen Partei Österreichs (SPÖ), je nach gerade vorherrschender Konjunktur der öffentlichen Meinung, Nationalismus aus wahltaktischen Gründen benutzen und so, in unterschiedlichem Ausmaß, zur Erosion des liberalen EU-Konsensus der politischen Mitte beitragen.

Im ersten Kapitel wird das politische Projekt der europäischen Einigung beleuchtet. Nur wenn man die historischen Grundlagen und Beweggründe hinter diesem Projekt versteht, kann man das Wesen der heutigen Europäischen Union begreifen. Im Zusammenhang damit

1 Siehe: „Standard-Umfrage: 70 Prozent der Österreicher sehen EU auf falschem Kurs", in: *Der Standard* (11.05.2014).

geht es im zweiten Kapitel um die politischen Einheiten, aus denen die EU besteht: die Nationalstaaten. Sie entsprechen jener Organisationsform, welche weltweit die höchste Legitimität besitzt. Die Vereinten Nationen (UNO) symbolisieren die Dominanz dieser Idee eines internationalen Staatensystems, gegliedert in Nationen, die sich im Rahmen von Nationalstaaten selbst regieren. Wichtig für eine realitätsbezogene Analyse von Nationalismus und nationaler Identität ist die Wahrnehmung ihrer grundlegenden Funktion für das Zusammenleben und das Funktionieren moderner Gesellschaften und Staaten.

Im dritten Kapitel wird mithilfe der Konzepte von Nation und kollektiver Identität eine Theorie der EU-Skepsis und EU-Ablehnung aufgrund von exklusivem Nationalismus entwickelt. Im vierten Kapitel wird die vorher entwickelte Theorie am Beispiel Österreichs zur Anwendung gebracht. Nach ausführlichen historischen Erklärungen für die Entwicklung der österreichischen nationalen Identität wird auf deren spezifische ideologische Komponenten und diskursive nationalistische Traditionen eingegangen. Im fünften Kapitel wird das Zusammenspiel zwischen Populismus und Nationalismus analysiert. Es wird gezeigt, wie exklusive Elemente der nationalen Identität und die Artikulation nationaler Positionen im Kontext von Krisen wie der sogenannten „Flüchtlingskrise" und der russischen Annexion der Krim wichtige Faktoren für die EU-Skepsis in Österreich darstellen. Andererseits bedeutet dies auch, dass Artikulationen einer proeuropäischen Perspektive in Reaktion auf den Brexit und den Krieg zwischen Russland und der Ukraine die Zustimmung zur EU konjunkturell auch durchaus erhöhen können.

Im Resümee sollen die gefundenen Antworten zusammengefasst und zentrale Schlüsse für die Bedingungen der Konstruktion einer Ablehnungsfront gegenüber der EU gezogen werden. Die in dieser Arbeit gewonnenen Erkenntnisse sollen in ihrer Bedeutung für die Politik in Hinsicht auf die Zukunft der Beziehungen Österreichs zur EU eingeordnet werden.

1. Europa als politisches Projekt

Für das Verständnis der Problemstellung, die im weiteren Verlauf dieses Buches im Zentrum steht, folgt hier zuerst eine einführende Darstellung Europas als einer politischen Ordnungsform jenseits des Nationalstaates. Es geht dabei um die Frage nach dem Charakter der Europäischen Union sowie die Frage nach der *finalité d'Europe*.

Was ist nun eigentlich das, was man im politischen Sprachgebrauch gemeinhin als Europa bezeichnet? Erstens ist Europa eine geografische Kategorie, mit der ein Kontinent bezeichnet wird. Zweitens handelt es sich dabei auch um eine historische Projektion, welche sich auf eine lange Geschichte bezieht und sich im Laufe dieser auch zivilisatorisch konstruiert hat. Drittens lässt sich festhalten, dass Europa mit der Entwicklung der Europäischen Union (EU) auch zu einer politisch-institutionellen Realität wurde. Die konkrete Bedeutung von „Europa" und dessen Identität bleiben jedoch das umkämpfte Objekt konkurrierender Akteure. An dieser Stelle erweist sich eine von Gerard Delanty gebrauchte Metapher eines Fußballspiels als hilfreich:

> [...] the ball is Europe, the players the identity projects and the pitch the geo-political reality on which the game, in this instance the discourse, is played. [...] The European idea is quite simply a political football.[2]

Es ist wichtig, sich bewusst zu machen, dass das politische Projekt „Europa" von Akteuren geformt wird, welche auf dem harten Spielfeld der Geopolitik agieren. Dabei vertreten sie konkurrierende Identitätsprojekte, welche unterschiedliche diskursive Konstruktionen von Europa artikulieren. „The discourse of Europe is ambivalent in that it is not always about unity and inclusion, but is also about exclusion and the construction of difference based on norms of exclusion."[3] Dieses grundlegende Faktum, dass man, um Europa als Einheit definieren

---

2 Gerard Delanty, *Inventing Europe: Idea, Identity, Reality* (London, 1995), S. 4.

3 Ebenda, S. 1.

zu können, auch dessen Grenzen identifizieren muss, ist eine Schwierigkeit, auf die es unterschiedliche politisch-ideologische Antworten gibt. Es geht dabei weniger um die räumlichen Grenzen als vielmehr um die gesellschaftlichen und ideologisch konstruierten. Wenn man zum Beispiel Europa als Idee, als Träger einer bestimmten Form von Zivilisation versteht, so geht es weniger um Grenzen und Exklusion als um die Expansion der europäischen Kultur und Werte, wie auch immer man diese definieren will, und die Inklusion des Umfeldes. Dieser Ansatz eines Europas als zivilisatorisch expansives Imperium (*Empire*) hat in der aktuellen Literatur über die Zukunft Europas zweifellos seinen Platz gefunden.[4]

Häufig wird in der politischen Debatte der Begriff „Europa" mit dem gegenwärtigen Projekt der europäischen Einigung, namentlich der EU, gleichgesetzt. Dabei ist es außerordentlich wichtig, dass man zwischen der EU als politisch-institutionellem Gebilde, das von den Mitgliedstaaten geschaffen wurde, und „Europa" als weitem Begriff, der unterschiedliche Bedeutungen wie geografische, kulturelle und normative Aspekte umfasst, unterscheidet. Bei vielen tagespolitischen Diskussionen ist es unklar, ob sich Kritik an Europa auf den aktuellen Zustand der EU oder auf das normative Projekt der europäischen Einigung bezieht. Allgemein versteht man unter Euroskeptizismus die Opposition gegenüber der europäischen Integration, den Institutionen und den Politiken der EU. Während man inhaltliche und spezifische Kritik an der EU als „weichen Euroskeptizismus" beschreiben kann, lässt sich die grundsätzliche Ablehnung gegenüber der politischen Integration Europas als „harter Euroskeptizismus" bezeichnen.[5] In der Praxis artikulieren in Wahlkampfzeiten euroskeptische Parteien wie die FPÖ oder die Lega Nord aus strategischen Gründen auch gezielt

4 Siehe unter anderem Alan Posener, *Imperium der Zukunft: Warum Europa Weltmacht werden muss* (München, 2007) sowie Ulrich Beck & Edgar Grande, *Das kosmopolitische Europa. Gesellschaft und Politik in der Zweiten Moderne* (Frankfurt am Main, 2007).

5 Aleks Szczerbiak & Paul Taggart, „Introduction: Researching Euroscepticism in European Party Systems: A Comparative and Theoretical Research Agenda", in: Aleks Szczerbiak & Paul Taggart (Hrsg.), *Opposing Europe? The Comparative Party Politics of Euroscepticism* (New York, 2008), S. 1–27.

ambivalente Positionen zur EU, indem sie Elemente von weichem und hartem Euroskeptizismus kombinieren.[6]

Des Öfteren wird inhaltliche Kritik an spezifischen Politiken oder an politischen Prozessen in der EU durch links- beziehungsweise rechtspopulistische Akteure instrumentalisiert, die der EU als liberalem Projekt kritisch bis ablehnend gegenüberstehen. Grundsätzlich kann man, trotz unterschiedlicher ideologischer Begründungen und Motivationen, doch zwei entgegenlaufende Ideen und Haltungen unterscheiden. Zum einen gibt es Verfechter und Unterstützer der Idee eines politisch vereinten liberalen Europas, das seine Stärken in der Vertiefung der Integration finden solle. Zum anderen gibt es vehemente Gegner eines solchen vereinten Europas. Die letzteren betrachten den Nationalstaat als diejenige politische Ordnungsform, die für die Lösung aktueller Probleme am besten geeignet ist.

Tatsache ist, dass man sich auf die Idee der europäischen Einigung und eine gemeinsame europäische Identität immer dann besonnen hat, wenn große Teile Europas durch kriegerische Auseinandersetzungen am Boden lagen. Neuere Beispiele dafür sind die Paneuropa-Bestrebungen (u. a. Coudenhove-Kalergi) nach dem Ersten Weltkrieg und die Montanunion (u. a. Monnet und Schuman), der Vorläufer der Europäischen Union, nach dem Zweiten Weltkrieg. Jedoch reicht die Geschichte der Idee bis in das 14. Jahrhundert zurück. Vor allem Dante Alighieri (1310), Pierre Dubois (1306), Georg von Podiebrad (1464) und Maximilien de Béthune, duc de Sully (1640) sind hier zu nennen.[7] Besonders nach den Erfahrungen des Dreißigjährigen Krieges entwickelte sich unter Eliten ein gewisser „europäischer Geist", und Intellektuelle begaben sich auf die Suche nach einem gemeinschaftlichen europäischen Ordnungsmodell. Trotz des Westfälischen Friedens (1648) glaubten viele Intellektuelle dieser Zeit nicht an einen dauerhaften Frieden in einem Europa der konkurrierenden, souveränen Staaten. Zu jener Zeit kamen kosmopolitische Ideen auf, und manche zeitgenössischen Intellektuellen begannen, sich als Weltbürger zu be-

---

6 Vgl. Reinhard Heinisch, Duncan McDonnell & Annika Werner, „Equivocal Euroscepticism: How Populist Radical Right Parties Can Have Their EU Cake and Eat It", in: *Journal of Common Market Studies* 59(2) 2021, S. 189–205.

7 Vgl. Derek Heater, *The idea of European unity* (Leicester, 1992), S. 65.

schreiben.[8] Im Anschluss daran entwickelten Persönlichkeiten wie der Abbé de Saint-Pierre[9] (beeinflusst durch den Spanischen Erbfolgekrieg) und Immanuel Kant[10] Konzepte für ein vereintes, friedliches Europa.

Natürlich waren schon damals die Unterschiede in den Vorstellungen und Konzepten, wie ein solches vereintes Europa realiter auszusehen habe, beträchtlich. Während viele französische Philosophen ein Gleichgewicht der Mächte mit der Vormachtstellung Frankreichs bevorzugten, vertraten einige Philosophen aus dem deutschsprachigen Raum, wie zum Beispiel G. W. Leibniz die Idee eines vereinigten christlichen Europas unter der Führung eines Kaisers. Gerade die Wiedervereinigung des Christentums wurde als essenziell für die Vereinigung Europas angesehen.[11] Auch Saint-Pierre dachte an Religion als Medium der Kohäsion. Jedoch wollte er auf der Basis von rationalen Interessen und Gesetzen ein vereintes Europa entwerfen. Die vorrangigen Ziele aller dieser Denker waren dieselben: das Verhindern von Krieg in Europa, die Steigerung und Sicherung von Wohlstand für alle europäischen Bürgerinnen und Bürger sowie eine gesicherte Zukunft für den Kontinent.

Die Beschreibung dieser alten Ideen weist auf intellektuelle Gründerväter eines liberalen Europas wie Kant und Saint-Pierre hin. Der institutionelle Komplex sowie dessen Funktionsweise wird in den Entwürfen von Saint-Pierre sehr detailliert beschrieben. Er hielt genau fest, wie viele Repräsentanten die einzelnen Staaten in den sogenannten *Perpetual Congress* und den *Senate of Peace* senden dürfen.[12] Es handelt sich dabei nicht nur um eine institutionalisierte Kooperation von einzelnen Staaten. Vielmehr liegt der Schwerpunkt auf einer politischen Föderation mit gemeinsamen supranationalen Institutionen, die politische Entscheidungen treffen können, welche für alle Mitglied-

8 Vgl. ebenda, S. 61.

9 Die Motivation für sein Projekt der europäischen Einheit holte er nicht nur aus der Philosophie. Viel wichtiger waren die Ideen, die er bei Vorschlägen zur Verbesserung des französischen Straßenwesens gewann. Sein europäisches Modell, das er 1712 publizierte, nannte er *Mémoire pour rendre la paix perpétuelle en Europe*.

10 Vgl. Immanuel Kant, *Zum ewigen Frieden* (1795).

11 Vgl. Paul Hazard, *The European Mind. The Critical Years, 1680–1715* (Middlesex, 1964), S. 253–274.

12 Vgl. Heater, *The idea of European unity* (wie 7), S. 74.

staaten wirksam sind. Obwohl er in seinen Schriften oft von „Alliierten“ oder der „Konföderation“ spricht, so beschreibt er doch mehr eine politische Union mit all ihren Vorteilen und Konsequenzen.[13] In der kritischen Auseinandersetzung mit seinem Konzept wird immer wieder auf die grundlegende Widersprüchlichkeit eines solchen Systems hingewiesen.

Genau dieser Punkt ist für diese Arbeit wichtig, um die Brücke zu aktuellen Diskussionen um eine politische EU zu schlagen. Als größtes Problem in Saint-Pierres Modell wird die Inkompatibilität eines solchen gemeinschaftlichen politischen Systems mit dem Konzept von souveränen Staaten und deren Eigeninteressen gesehen. Umgelegt auf die EU, entspricht das dem Konflikt zwischen intergouvernementaler und supranationaler Funktionsweise, der sich bis heute am ausdrücklichsten im Bereich der Außen- und Sicherheitspolitik zeigt. Sehr wohl erkannte Saint-Pierre trotz seines Idealismus die Notwendigkeit, neben Vorteilen auch Sanktionen gegen einzelne Staaten durchsetzen zu können. Er drückte dies aus als „the need of both the carrot of the advantages of peace and the stick of firm discipline for disturbing their condition“.[14] Trotzdem wurde er von Rousseau als naiv, als mit einem unrealistisch viel zu positiven Menschenbild ausgestattet kritisiert.

Eines der aktuellen Probleme, welches sich beim Verhältnis zwischen Nationalstaaten und Europäischer Union zeigt, ist der Euroskeptizismus, der unterschiedliche Formen annehmen kann, bis hin zur Ablehnung der EU. Es geht dabei nicht um die Eigeninteressen von Herrschern wie im Zeitalter Saint-Pierres, sondern um die Spannungen, die zwischen einer politischen Europäischen Union und demokratisch legitimierten Nationalstaaten auftreten können. Dabei geht es aus ideologischer Sicht auch um Nationalismus und Populismus, um Loyalitäten und Vertrauen in die Institutionen und Akteure auf unterschiedlichen politischen Ebenen.

13 Vgl. F. H. Hinsley, *Power and the Pursuit of Peace. Theory and Practice in the History of Relations between States* (Cambridge, 1963), S. 43.

14 Zit. nach: Heater, *The idea of European unity* (wie 7), S. 74.

1.1. Die Europäische Union – Ein europäischer Zweckverband

Bevor wir nun im weiteren Verlauf auf die genaue Problematik, die sich durch die Abtretung nationalstaatlicher Souveränität an die EU ergibt, eingehen, wird dieser Teil soweit als möglich klären, was „die Europäische Union" überhaupt genau ist. Dabei wird zuerst versucht, die historische Entwicklung, die zu der heutigen institutionellen Konstellation geführt hat, zu skizzieren. Da jedoch eine umfassende und detaillierte historische Analyse in diesem Kapitel den Rahmen sprengen würde, wird hier vor allem auf die grundlegenden Schritte und die jeweiligen Entwicklungsstufen der EU eingegangen, wie sie sich von einer vor allem intergouvernementalen internationalen Organisation zu einer supranationalen politischen Union neuer Art, einem System *sui generis*[15], hin entwickelt hat.

Grundsätzlich kann man an dieser Stelle schon eines vorwegnehmen: Ja, die EU ist heute eine politische Union, deren Kompetenzen jene einer internationalen Organisation weit übertreffen. Nach der Definition von David Easton (1957) erfüllt die EU die Funktion der Politik, nämlich die Herstellung kollektiv verbindlicher Entscheidungen. Durch ihre Gesetzgebung beeinflusst die EU die Gesellschaften in den Mitgliedstaaten auf dieselbe Art und Weise wie das politische System eines Staates.[16] Man muss mit aller Deutlichkeit festhalten, dass die Rechtsakte der EU Vorrang vor dem nationalen Recht haben. Sie treten auch in Kraft, ohne dass ein nationales Parlament die Akte ratifizieren muss. Um die Auswirkungen auf die nationale Gesetzgebung zu veranschaulichen, muss man sich nur vor Augen führen, dass sich seit den Reformen in den 1990er-Jahren der Anteil der deutschen Gesetze (Ähnliches gilt auch für Österreich), welche auf Rechtsakte der EU zurückgehen, vervierfacht hat. Ihr Anteil wird auf über 60 Prozent geschätzt und ist steigend. Bei der Wirtschaftsgesetzgebung sticht der Einfluss der EU mit ungefähr 80 Prozent der Bestimmungen, die direkt

---

15 Vgl. Alberta M. Sbragia (Hrsg.), *Euro-Politics. Institutions and Policymaking in the „New" European Community* (Washington D.C., 1992).

16 Vgl. Wilhelm Knelangen, „Ist die Europäische Union ein Fall für die Vergleichende Regierungslehre?", in: Johannes Varwick & Wilhelm Knelangen (Hrsg.), *Neues Europa - alte EU? Fragen an den europäischen Integrationsprozess* (Opladen, 2004), S. 113–132, hier S. 117.

auf EU-Ebene beschlossen werden, noch deutlicher hervor.[17] Dieser Prozess ist kontinuierlich und der Anteil der von der EU abhängigen Gesetze steigend.

Wie kam es überhaupt zur heutigen Europäischen Union? Im folgenden Teil werde ich die wichtigsten Abschnitte der europäischen Integration auf dem Weg zur heutigen EU umreißen. Laut Werner Weidenfeld kann man grundsätzlich von fünf wichtigen Hauptmotiven ausgehen, welche die Integration vorantrieben.[18] Dies waren zuerst einmal die Ablehnung der nationalistischen Verirrungen und die Suche nach einem neuen Selbstverständnis nach den Erfahrungen des Zweiten Weltkrieges. „Ein demokratisch verfasstes Europa als Alternative zur nationalistischen Herrschaft."[19] Die Schrecken des Krieges führten zum Wunsch nach Sicherheit und Frieden, welche die Nationalstaaten nicht gewähren konnten. Somit handelte es sich dabei vor allem auch um ein gemeinsames Friedensprojekt. Des Weiteren hoffte man, durch Mobilität und erweiterte Freiheiten (freie Bewegung von Personen, Meinungen, Waren und Informationen) eine bessere Zukunft, mehr individuelle Möglichkeiten sowie auch wirtschaftlichen Wohlstand erreichen zu können. Als Gegenmodell zum nationalistischen Protektionismus der 1920er-Jahre sollte durch einen gemeinsamen Markt eine florierende und stabile Wirtschaft geschaffen werden.

Und letztendlich spielte bei den politischen Führern jener Zeit auch der Gedanke an die Zurückgewinnung von Macht eine Rolle. Nach dem Ersten Weltkrieg ging die damalige europäische Vormachtstellung in der Welt verloren. „Die neuen Weltmächte USA und UdSSR zeigten Maßstäbe für neue internationale Machtgrößen, die weit über die Einheiten der vergleichsweise kleinen europäischen Nationalstaaten hinausgewachsen waren. Die westeuropäischen Staaten hofften, durch die politische Einigung viel von der Macht zurückerlangen zu können, die sie einzeln verloren hatten."[20] Gerade heute in der globalisierten Welt wird in der u. a. weltweiten wirtschaftlichen Vernetzung ein Argument

17 Vgl. ebenda.

18 Vgl. Werner Weidenfeld, „Europäische Einigung im historischen Überblick", in: Werner Weidenfeld & Wolfgang Wessels (Hrsg.), *Europa von A bis Z. Taschenbuch der europäischen Integration* (Bonn, 2006), S. 13–48, hier S. 15 f.

19 Ebenda, S. 15.

20 Ebenda, S. 16.

für die Sinnhaftigkeit und die Legitimation der EU gesehen. Kleinere Nationalstaaten werden mit Problemen konfrontiert, für die oftmals eine gemeinsame europäische Vorgangsweise als sinnvolle Antwort erachtet wird.

Bis in die 1980er-Jahre hinein, als sich die Diskussionen um eine politische Union intensivierten – was einen Höhe- beziehungsweise Startpunkt mit der Ratifizierung des Vertrags von Maastricht (1993) erreichte –, wurde sie „von den treibenden Akteuren und den Bürgern als eine Form der intergouvernementalen Zusammenarbeit zur Optimierung ökonomischer Koordination der teilnehmenden Länder gesehen und nicht als Konkurrenz für nationale demokratische Systeme verstanden"[21]. Ein Beispiel hierfür ist die Perspektive Charles de Gaulles bezüglich der Europäischen Gemeinschaft gewesen. Aus seiner Sicht standen vor allem der Zugang Frankreichs zu Rohstoffen, wie zum Beispiel deutscher Kohle, und die EG insgesamt als Modernisierungshilfe für Frankreich beim Wettstreit der Nationalstaaten im Vordergrund, wodurch er sich einen Vorteil für das bis dato im Vergleich zu Deutschland und England wenig industrialisierte Frankreich erhoffte.

Nun zur chronologischen Entwicklungsgeschichte der EU, welche ihr Wesen, wie sie also heute ist, erklärt. Die Gründung der Vorläuferorganisation der EU, der sogenannten Montanunion, entstand aus einer Initiative des französischen Außenministers Robert Schuman (Schuman-Plan, 9. Mai 1950). Die Vertreter der sechs Gründungsstaaten Belgien, Deutschland, Frankreich, Italien, Belgien und Luxemburg unterzeichneten am 18. April 1951 den Vertrag über die Europäische Gemeinschaft für Kohle und Stahl (EGKS). „Die Grundidee stammte vom französischen Planungskommissar Jean Monnet. […] Hauptmotive für diesen Vorschlag bildeten die Überlegungen zur Beseitigung der deutsch-französischen Erbfeindschaft und der Wunsch nach Schaffung eines Grundsteins für eine europäische Föderation."[22] Die Pläne des Planungskommissars Monnet folgten der Organisationsform, die er aus der Kriegswirtschaft gewohnt war. Demokratische Qualität spielte

21 Johannes Pollak, *Repräsentation ohne Demokratie. Kollidierende Systeme der Repräsentation in der Europäischen Union* (Wien; New York, 2007), S. 15.

22 Weidenfeld, „Europäische Einigung im historischen Überblick" (wie 18), S. 17.

bei diesen Überlegungen klarerweise keine oder zumindest nur eine sehr untergeordnete Rolle. Somit kann man das später noch genauer behandelte Demokratiedefizit unter anderem mit der institutionellen Entwicklungsgeschichte der EU, insbesondere der Methode Jean Monnets, erklären.

Zu Beginn des Einigungsprozesses auf dem Europa-Kongress von Den Haag im Mai 1948, an dem etwa 700 Persönlichkeiten teilnahmen, war der Integrationsansatz, der verfolgt werden würde, noch nicht klar. Es wurde eine politische Resolution verabschiedet, „in der die Einrichtung einer von den nationalen Parlamenten zu beschickenden ‚Europäischen Versammlung' gefordert wurde“[23]. Da schlussendlich vor allem Großbritannien die Übertragung von nationalstaatlicher Souveränität klar ablehnte, wurde kein Schritt Richtung Supranationalität gesetzt. Der schließlich am 5. Mai 1949 gegründete Europarat, dessen Sitz sich in Straßburg befindet, erhielt wegen der Ablehnung Großbritanniens nur geringe Kompetenzen. Doch Politiker wie Robert Schuman, Jean Monnet, Paul-Henri Spaak und Konrad Adenauer gaben nicht auf und diskutierten über zwei verschiedene Organisationsformen: die „des Staatenbundes“ und die „des Bundesstaates“[24].

Prinzipiell lässt sich feststellen, dass im Laufe der Integrationsgeschichte die Politiken je nach Möglichkeit angepasst wurden und jeweils sehr pragmatisch vorgegangen wurde. Dies setzt sich bis heute fort und macht es dem Beobachter sowie dem interessierten Laien oft schwer, klare Pläne und Ziele der Integrationspolitik zu erkennen.

> Das Ringen um die Einigung Europas ist insofern durch die Jahrzehnte hindurch gekennzeichnet von einem ausgeprägt pragmatischen Grundzug. Integration nicht auf dem Reißbrett, sondern entlang des politisch Notwendigen und Möglichen – dieser Charakter der Integration hat den Nebeneffekt, dass sie dem Laien oftmals als plan- und zielloses Unterfangen erscheint. Die tiefere Logik erschließt sich dabei oftmals nicht, erst das Gesamtbild mag weiterhelfen.[25]

Und genau um dieses Gesamtbild der Europäischen Union geht es in diesem Kapitel. Bevor allerdings versucht wird, anhand unterschied-

23 Johannes Pollak & Peter Slominski, *Das politische System der EU* (Wien, 2006), S. 22.

24 Weidenfeld, „Europäische Einigung im historischen Überblick“ (wie 18), S. 16.

25 Ebenda, S. 17.

licher Interpretationen zur bisherigen Integrationsgeschichte ein besseres Verständnis der EU und von deren Status quo zu erreichen, wird die Entwicklungsgeschichte mit den wichtigsten Ereignissen überblicksweise nachgezeichnet.

1.2. Erste Schritte der Integration

Ab den 1950er-Jahren begann sich das Projekt Europa zu entwickeln. Laut dem Vertrag zur EGKS sollte eine „Hohe Behörde" die Exekutivrechte wahrnehmen. Eine gemeinsame Versammlung wurde als Diskussionsgremium eingerichtet, das nur beschränkte Kontrollrechte besaß. Ein sogenannter „Besonderer Ministerrat" besaß die politischen Richtlinien- und Legislativrechte. Der Wächter über die Vertragsauslegung war ein elfköpfiger Gerichtshof. Zusätzlich gab es noch einen beratenden Ausschuss, der aus VertreterInnen von Interessengruppen bestand.[26] Diese – wenn auch demokratiepolitisch schwache – Organisationsform war historisch. Erstmals wurde eine europäische supranationale Organisation gegründet, die eine bislang nationalstaatliche Kompetenz übernahm.

Der Ansatz der Montanunion war einer der funktionalen Integration. Es sollte sich bei der EGKS um die erste Etappe einer europäischen Föderation handeln. Auszüge aus der Schuman-Erklärung über eine Montanunion vom 9. Mai 1950 zeigen diese tieferen Überlegungen deutlich: „Europa lässt sich nicht mit einem Schlage herstellen und auch nicht durch eine einfache Zusammenfassung: Es wird durch konkrete Tatsachen entstehen, die zunächst eine Solidarität der Tat schaffen. Die Vereinigung der europäischen Nationen erfordert, dass der Jahrhunderte alte Gegensatz zwischen Frankreich und Deutschland ausgelöscht wird."[27]

Durch die Intensivierung des Kalten Krieges und die durch die USA vorangetriebene Wiederbewaffnung Deutschlands kam es am 27. Mai 1952 nach zähen Verhandlungen (Frankreich stand von jeher einer völligen Wiederbewaffnung Deutschlands misstrauisch gegenüber) zur

26 Vgl. ebenda.
27 Zit. nach: ebenda, S. 24.

Unterzeichnung des Vertrages zur Errichtung einer Europäischen Verteidigungsgemeinschaft (EVG) unter Einschluss Deutschlands.[28]

Schließlich führte dieser Schritt zu weiteren Überlegungen, ob nicht dadurch auch eine politische Organisation notwendig werden würde. Man einigte sich daraufhin, die parlamentarische Versammlung der EVG mit dem Entwurf für *die Satzung einer Europäischen Gemeinschaft* zu beauftragen. Diese Europäische Gemeinschaft, „die an die Stelle der vorläufigen Organisation treten wird, soll so beschaffen sein, dass sie den Bestandteil eines späteren bundesstaatlichen oder staatenbündischen Gemeinwesens bilden kann, das auf dem Grundsatz der Gewaltenteilung beruhen und insbesondere über ein Zweikammernparlament verfügen soll“[29] (Artikel 38 EVG-Vertrag). „Am 10. März 1953 verabschiedete die *Ad-hoc-Versammlung* [die parlamentarische Versammlung der EVG] einen weit reichenden Entwurf für eine Europäische Politische Gemeinschaft (EPG), der ein Zweikammernparlament und eine daran gebundene Exekutive beinhaltete.“[30] Das französische Parlament lehnte jedoch die Ratifikation der EVG 1954 ab. Somit war das Projekt einer politischen und militärischen europäischen Union für längere Zeit gescheitert.

Man konzentrierte sich danach zusehends auf die wirtschaftliche Integration. Großbritannien sowie Frankreich hatten zu diesem Zeitpunkt noch die Illusion, dass sie immer noch Großmächte seien und somit eine europäische Union für sie nicht zielführend, geschweige denn notwendig wäre. Am 11. November 1955 fasste das britische Kabinett den Beschluss, sich nicht an einem gemeinsamen Markt zu beteiligen. Es sollte danach noch sehr lange dauern, bis Großbritannien zur Überzeugung gelangte, dass das Commonwealth keinen gleichwertigen Ersatz für den gemeinsamen europäischen Markt bieten würde. Der britische Delegationsleiter erklärte damals: „The future treaty which you are discussing has no chance of being agreed; [...] You speak of agriculture, which we don't like, of power over customs, which we take

28 Vgl. Pollak & Slominski, *Das politische System der EU* (wie 23), S. 28.
29 Ebenda, S. 29.
30 Ebenda.

exception to and of institutions which frighten us […] au revoir and bonne chance."[31]

Im Gegensatz zu Großbritannien erkannte Frankreich durch die Suezkanal-Krise 1956 die Schwäche einzelner europäischer Staaten und somit die Notwendigkeit einer europäischen Einigung. Ein Jahr darauf wurden die sogenannten Römischen Verträge über die Europäische Wirtschaftsgemeinschaft (EWG) und die Europäische Atomgemeinschaft (EAG) von den sechs Gründerstaaten unterzeichnet. Die beiden Verträge traten nach Ratifizierung am 1. Januar 1958 in Kraft. Der gewählte Begriff der „Gemeinschaft" und die Artikulierung, die „Grundlagen für einen immer engeren Zusammenschluss der europäischen Völker zu schaffen", können als Indizien dafür gedeutet werden, dass der Wille, über intergouvernementale Zusammenarbeit hinauszugehen, bereits vorhanden war.[32] Als Gemeinschaftssitz wählte man Brüssel.

Die Struktur der EWG blieb trotzdem merklich der der EGKS angeglichen. Jedoch machte man sich schon damals Gedanken hinsichtlich einer Demokratisierung auf europäischer Ebene mithilfe eines direkt gewählten Europäischen Parlaments, das die Legitimation stärken sollte. Im Primärrecht wurde das Europäische Parlament, welches heute institutionell eine immer wichtigere Rolle spielt, erst in der Einheitlichen Europäischen Akte (EEA) im Jahre 1987 verankert.[33]

An dieser Stelle muss man noch einmal den prägenden Charakter der Römischen Verträge verdeutlichen. Man schaffte es trotz divergierender nationaler Interessen, ein institutionelles Konstrukt zu schaffen, auf das sich die sechs Gründerstaaten einigen konnten. Faktum ist, dass nationale Interessen bei den Verhandlungen aufeinanderprallten:

> Frankreichs Interesse an einem Schutzraum um die eigene Wirtschaft und sein Interesse an Kontrolle der Atompolitik, vor allem des östlichen Nachbarn, bei gleichzeitiger Aussparung der militärischen Atomkomponenten aus der europäischen Gemeinschaftsbildung; das deutsche Interesse an ungehinderter Bewegung im großen Gemeinsamen Markt; das englische Interesse, lediglich eine Freihandelszone zu etablieren und möglichst wenig Supranationalität in Europa entstehen zu lassen; das sowjeti-

31 Zit. nach: ebenda, S. 31.

32 Vgl. ebenda, S. 32.

33 Vgl. ebenda.

sche Interesse, die Aufmerksamkeit der europäischen Staaten ganz auf den Bau einer gesamteuropäischen Friedensordnung zu konzentrieren.[34]

Schon damals wurde deutlich sichtbar, dass das „deutsch-französische Tandem" die Triebfeder der Integration war und immer wieder werden sollte.[35] Nachdem die sogenannten Fouchet-Pläne (intergouvernementale, lose politische Abstimmung im Rahmen der EWG) scheiterten, waren es einmal mehr Deutschland und Frankreich, die mit der Unterzeichnung des deutsch-französischen Freundschaftsvertrages durch Adenauer und de Gaulle am 22. Januar 1963 für einen weiteren Schub in der europäischen Integration sorgten. Nach diesem Versuch, eine „politische Verbindung" zu schaffen, sollten sich Deutschland und Frankreich immer wieder als „Motor der politischen Union Europas" auszeichnen.[36]

Mit der Ablehnung der von Charles de Gaulle unterbreiteten Fouchet-Pläne begannen dessen Maßnahmen gegen weitere Schritte der europäischen Integration. „Entgegen den Bestimmungen des EWG-Vertrages [...] wollte de Gaulle die Kommission auf die Rolle eines Sekretariats zurückstufen und keinesfalls Mehrheitsentscheidungen im Ministerrat akzeptieren. Diese Politik des ‚leeren Stuhls' [...] konnte erst am 29. Januar 1966 durch den sog. Luxemburger Kompromiss revidiert werden."[37] Diese Stagnation des Integrationsprozesses bezeichnet man auch als „Eurosklerose"[38]. Vor allem Präsident de Gaulle, für den die Bedeutung des französischen Nationalstaates im Zentrum aller Überlegungen stand, versuchte eine weitere Vertiefung der Gemeinschaftsbereiche mit allen Mitteln zu verhindern, was zu einem „Rückgriff auf intergouvernementale Strukturen" führte. Ab Mitte der 1970er-Jahre kam es dann wieder zu einer vermehrten Kooperation.[39] Einmal mehr kam es durch eine deutsch-französische Initiative zu einem gemeinschaftlichen Vorgehen, was in der Gründung eines Europäischen

34 Weidenfeld, „Europäische Einigung im historischen Überblick" (wie 18), S. 20.
35 Vgl. ebenda.
36 Vgl. ebenda, S. 20 f.
37 Pollak & Slominski, *Das politische System der EU* (wie 23), S. 34.
38 Ebenda, S. 34 f.
39 Vgl. Weidenfeld, „Europäische Einigung im historischen Überblick" (wie 18), S. 22 f.

Währungssystems (EWS) mündete, welches schließlich am 13. März 1979 in Kraft trat.[40]

1.3. Die EG wird zur Europäischen Union

Durch die Einführung der EWS wurde die Zeit der sogenannten „Eurosklerose" endgültig abgelöst von wichtigen Fortschritten und Veränderungen, welche letztendlich zur Umwandlung der EG in die Europäische Union (EU) führen sollten.

Ein Schlüsselfaktor dafür war die durch die Einführung der EWS notwendig gewordene Neuordnung der EG-Finanzierung, was wiederum eine Kompetenzerweiterung des Europäischen Parlaments, insbesondere in der Haushaltspolitik, erforderte.[41] Es zeigte sich, dass die Mitgliedstaaten bereit waren, die Integration über die Ziele der Römischen Verträge hinaus weiterzuführen. Dabei wurde, so wie auch später immer wieder, das Spannungsverhältnis zwischen intergouvernementaler, internationaler Koordination und supranationaler Entscheidungsfindung sichtbar. Gerade in Zeiten der wirtschaftlichen Krise kann dieses Spannungsverhältnis zu Konflikten führen. In der wirtschaftlichen Krise der 1970er-Jahre machte sich die institutionelle Schwäche der Gemeinschaft durch mangelnde Handlungsfähigkeit bemerkbar. Auch in der Zeit der neueren Finanzkrise, welche ab Ende des Jahres 2008 mit ihren Auswirkungen Europa erreichte, wurde diese Problematik trotz einiger erfolgter Reformen in der EU immer noch deutlich. Sie zeigt die nach wie vor ungelösten institutionellen Probleme der Europäischen Union.

Anfang der 1980er-Jahre lassen sich fünf bedeutende ‚Baustellen' im Integrationsprozess hervorheben, die bis heute trotz weiterer Reformen nicht abgeschlossen sind:[42] Zunächst wurde klar, dass die Gemeinschaft ihre Identität stärken muss, um ihre gemeinschaftlichen Interessen gegen nationale Egoismen durchsetzen zu können. Ferner war man sich schon damals darüber im Klaren, dass das institutionelle

40 Vgl. ebenda, S. 23.
41 Vgl. ebenda.
42 Vgl. ebenda, S. 26.

Gefüge reformiert werden müsse, um demokratische Legitimation und Effektivität europäischer Politik zu ermöglichen. Gerade hinsichtlich absehbarer Erweiterungen schien es unvermeidlich, grundlegende Reformen anzugehen und umzusetzen.

Weitere Punkte waren die Reform des Agrarmarktes, die Steigerung des Umfanges von Regional- und Sozialpolitik sowie der Ausbau der Kompetenzen des Europäischen Parlaments. Der vierte Punkt betraf die Erhöhung des innergemeinschaftlichen Ressourcentransfers. Man wollte für den gesamten europäischen Wirtschaftsraum eine gemeinsame Strukturpolitik entwickeln. Das letzte Vorhaben betraf die Schaffung einer gemeinsamen Außen- und Sicherheitspolitik, um für die internationalen Herausforderungen gemeinsam gewappnet zu sein.[43]

Die endgültige vertragliche Festlegung der Europäischen Union sollte jedoch noch dauern. Für das Europäische Parlament stand jedoch schon mit der Unterzeichnung der Rechtsakte zur „Einführung allgemeiner, unmittelbarer Wahlen der Abgeordneten der Versammlung" im Jahr 1976 eine bedeutsame Aufwertung fest. Diese fand ihre Fortsetzung mit den ersten Wahlen 1979 und der Gründung europäischer Parteifamilien. Erst der 1981 vorgelegte Genscher-Colombo-Plan, der eine politische Union zum Ziel hatte und schließlich in der „Feierlichen Erklärung zur Europäischen Union" (1983) endete, brachte frischen Schwung in die Reformvorhaben.[44]

Doch es bedurfte einmal mehr des Drucks von ernsten wirtschaftlichen Problemen, um nationale PolitikerInnen von der Notwendigkeit einer gesamteuropäischen Antwort auf die Schwierigkeiten zu überzeugen. Es war also seltener europäischer Idealismus als vielmehr die rationale ökonomische Notwendigkeit, die die nationalen Regierungschefs zu „Europäern" werden ließ. Es spielten bei der Reform der Römischen Verträge und der Unterzeichnung der Einheitlichen Europäischen Akte (EEA), welche im Jahr 1987 in Kraft trat, viele Faktoren, wie zum Beispiel Veränderungen im Agrarsektor, die Fragmentierung der westeuropäischen Wirtschaft oder die Süderweiterung, eine große Rolle. Schließlich war entscheidend, dass sich der bis dahin eine „linke" Wirtschaftspolitik verfolgende französische Präsident François

43 Vgl. ebenda.
44 Vgl. Pollak & Slominski, *Das politische System der EU* (wie 23), S. 37.

Mitterrand von seinem damaligen Finanzminister Jacques Delors davon überzeugen ließ, dass eine weitgehende Liberalisierung und die Vollendung des Binnenmarktes das Ziel der europäischen Politik sei sowie auch im Interesse Frankreichs liege.[45]

Neben Deregulierungsmaßnahmen und der Vollendung des Binnenmarktes bis zum Jahr 1992 als Ziel wurden wichtige institutionelle Veränderungen in der EEA verankert. Es betraf dies vor allem den „Übergang vom Prinzip der Einstimmigkeit zu qualifizierten Mehrheitsbestimmungen im Rat, eine Aufwertung der Rolle des EP durch die Einführung des Kooperationsverfahrens, sowie die Ausweitung der EWG-Kompetenzen auf neue Bereiche wie Umwelt, Forschung, Entwicklung, Technologie und Sozialpolitik“[46]. Die rechtliche Basis für eine politische Union wurde damit geschaffen.

Durch die politischen Umwälzungen zu Beginn der 1990er-Jahre mit dem Zusammenbruch der UdSSR und der deutschen Wiedervereinigung erhielt die Integrationsbewegung einen überraschenden und entscheidenden Schub. „Mit dem Ende des Kommunismus schien plötzlich die Vision einer Rückkehr Mittel- und Osteuropas in ein freies, friedliches und prosperierendes Gesamteuropa ebenso möglich wie der Alptraum eines Rückfalls Europas in den Streit der Nationalstaaten, genährt durch soziale und ethnische Spannungen.“[47] Jedenfalls nutzte Europa die sich bietende Chance, und rasch wurden weitere Integrationsschritte eingeleitet, deren Erfolg mit der Erweiterung der bisherigen EFTA (Europäische Freihandelszone) um die Länder Österreich, Schweden und Finnland deutlich wurde. Von nun an war es klar, dass sich die Europäische Gemeinschaft zu einer Union mit politischem Charakter wandeln sollte.

So sollte es 1991 nicht nur in Osteuropa zu grundlegenden Entscheidungen für Europa kommen, auch in Westeuropa wurde die Basis für die Europäische Union gelegt. „On the 9th and 10th at Maastricht, the twelve leaders of the European Community met to consider their scheme for comprehensive European Union.“[48] Dieser Kompromiss über

45 Vgl. ebenda, S. 39.
46 Ebenda.
47 Weidenfeld, „Europäische Einigung im historischen Überblick“ (wie 18), S. 31.
48 Norman Davies, *Europe: A history* (London, 1997), S. 1126.

die Gestaltung der zukünftigen Europäischen Union sollte bis heute richtungweisend für die Debatten über die *finalité d'Europe* bleiben. Besonders Großbritannien, welches ein föderales Europa grundsätzlich ablehnte, war sozusagen ein Begründer der institutionellen Schwächen der EU. Großbritannien sah im Prinzip des Föderalismus den ersten Schritt zu zentralisierten „Vereinigten Staaten von Europa". Das lehnte man, wie schon immer deutlich kundgetan, entschieden ab. Die Kompromisse, welche aufgrund Großbritanniens eingegangen wurden, sind bis heute nachhaltig bemerkbar. Der oft kritisierte Mangel an einem „sozialen" Europa, in einem kapitalistischen „Europa der Wirtschaftsbosse", stammt unter anderem aus dem Einfluss Großbritanniens, wie folgendes Zitat verdeutlicht: „The British Prime Minister inserted a monetary opt-out clause, refused to sign the social chapter, persuaded his partners to reconfirm the role of NATO, and claimed a famous victory."[49]

Trotzdem konnte mit dem *Vertrag über eine Europäische Union* (1991) die Gründung der Europäischen Union, welche mit der Ratifizierung des Vertrages von Maastricht 1993 abgeschlossen wurde, verwirklicht werden. Im Grunde wurden die schon existierende EWG, die EGKS und die EAG einfach in die supranationale erste Säule des Drei-Säulen-Modells umgewandelt. Die EWG wurde in EG umbenannt. Die zweite Säule umfasste die gemeinsame Außen- und Sicherheitspolitik (GASP). Die dritte Säule, welche wie die zweite im Gegensatz zur ersten auf der intergouvernementalen Zusammenarbeit der Mitgliedstaaten beruhte, umfasste die Zusammenarbeit in der Justiz- und Innenpolitik (ZJIP). Eine grundsätzliche Debatte zur Finalität wurde auch zu diesem Zeitpunkt nicht geführt. „Diese Konstruktion war letztlich eine Konsequenz der unterschiedlichen Auffassungen über die Finalität der EU."[50] Trotz wichtiger Integrationsfortschritte, wie zum Beispiel der Festlegung der Unionsbürgerschaft, der Verankerung des Subsidiaritätsprinzips mit der Gründung des Ausschusses der Regionen (AdR) und des Mitentscheidungsverfahrens, wodurch die Rolle des Europäischen Parlaments (EP) deutlich gestärkt wurde, blieb die Richtung der Integration bis dato umstritten.

49 Ebenda, S. 1127.
50 Weidenfeld, „Europäische Einigung im historischen Überblick" (wie 18), S. 32.

Die Einführung der Wirtschafts- und Währungsunion (WWU) und die Errichtung des Europäischen Zentralbankensystems gingen vor allem Großbritannien eigentlich zu weit. Auch die „Ausweitung der Gemeinschaftspolitik um die Bereiche der beruflichen Bildung, Kulturpolitik, Jugendpolitik, Verbraucherschutz und Transeuropäische Netze (TEN) wurde vereinbart. In der Sozialpolitik und im Bereich Forschung und Entwicklung einigte man sich auf eine Vertiefung der bereits gesetzten Integrationsschritte."[51] Durch die nicht erfolgte Diskussion um die *finalité* war eine einschneidende Reform nicht möglich.

Die darauf folgende Entwicklung war vor allem durch die anstehende Osterweiterung geprägt. Man einigte sich auf die sogenannten *Kopenhagener Kriterien*[52], die für eine Mitgliedschaft in der EU zu erfüllen seien: die Garantie für Demokratie, rechtsstaatliche Ordnung und Menschenrechte; eine funktionierende Marktwirtschaft und die Übernahme des *acquis communautaire*. Durch die anstehenden Erweiterungsrunden und die mögliche Mitgliederzahl von 27 Staaten wurde die Diskussion um die Zukunft der EU und notwendige Reformen wieder lauter. Man muss beachten, dass die institutionelle Architektur der EU im Wesentlichen seit den Gründungsverträgen beibehalten wurde. Hinzu kam ein schon länger bestehender Trend, der seit dem Ratifizierungsprozess von Maastricht noch verstärkt wurde: die Europamüdigkeit in der europäischen Bevölkerung.[53] Damit ist jene Situation beschrieben, wie wir sie im Groben auch heute noch vorfinden. Trotz einiger ambitionierter weiterer Versuche der institutionellen Reformen und Vertragsrevisionen konnte kein Durchbruch bei notwendigen Reformen erzielt werden.

Der Vertrag von Maastricht war von Anfang an nur als Zwischenschritt gedacht. „Bereits in Maastricht einigten sich die Zwölf daher darauf, schon 1996 den Vertrag auf Notwendigkeiten zur Revision zu überprüfen."[54] Natürlich führte der im Jahr 1999 unterzeichnete Vertrag von Amsterdam zu einer weiteren Vertiefung der Integration, wobei die wichtigen Probleme der sogenannten *Maastricht-left-overs*

---

51 Pollak & Slominski, *Das politische System der EU* (wie 23), S. 41.

52 Vgl. ebenda, S. 42.

53 Vgl. Weidenfeld, „Europäische Einigung im historischen Überblick" (wie 18), S. 33.

54 Ebenda, S. 34.

(Stimmgewichtung im Rat, Ausweitung der qualifizierten Mehrheitsentscheidungen im Rat, Größe der Kommission, Demokratisierung und bessere Transparenz) zu *Amsterdam-left-overs* wurden und bis heute ungelöst sind.[55] Seit 1991 wurden die Stimmen für eine „bürgernahe" und transparentere Union, für eine Lösung des „Demokratiedefizits" immer lauter, doch Antworten fand man auf diese Probleme bis heute nicht.[56] Der Vertrag von Nizza, welcher 2003 in Kraft trat, wurde als zu „technokratisch, zu kompliziert, intransparent und undemokratisch"[57] kritisiert. Die Grundrechtscharta, die so etwas wie gemeinsame europäische Werte und eine ideelle Basis für ein gemeinsames Europa symbolisieren sollte, fand nie zu bindendem Status. Gerade hier sollte sich wieder einmal Großbritanniens Ablehnung am deutlichsten zeigen.

Ein großer Wurf eines Reformvertrages war der „Vertrag über eine Verfassung für Europa", der 2005 in Referenden von der französischen und der niederländischen Bevölkerung abgelehnt wurde. Daraufhin entschieden sich die Staats- und Regierungschefs für eine weitere Vertragsrevision und einigten sich auf den Vertrag von Lissabon, der in Irland bei einem Referendum 2008 mit 53,4 Prozent abgelehnt wurde. Im Jahr darauf kam es zu einem zweiten Referendum, und schlussendlich trat der Reformvertrag im Dezember 2009 in Kraft. In diesem wurde den KritikerInnen einer supranationalen, föderalen EU nachgegeben und unter anderem auf Elemente wie den Begriff der Verfassung, eine europäische Hymne, die europäische Flagge sowie die Bezeichnung „europäischer Außenminister" verzichtet. Der Verzicht auf diese Symbole der Staatlichkeit ändert jedoch nichts an dem Faktum, dass die EU eine gewisse Staatlichkeit besitzt. Er veranschaulicht eher die Spannung zwischen nationaler und europäischer Identität.

55 Vgl. Pollak & Slominski, *Das politische System der EU* (wie 23), S. 44.
56 Vgl. ebenda.
57 Ebenda.

1.4. Die Richtung des europäischen Projektes: Bundesstaat, Staatenbund oder Staatenverbund?

Der Anspruch der EU welcher ihr von den Staats- und Regierungschefs gegeben wurde lässt sich am „Vertrag über eine Verfassung von Europa“[58] und dem Vertrag von Lissabon und dessen erklärten Zielen ableiten. Grundsätzlich war man sich im Verfassungskonvent 2003/2004 trotz mancher Ablehnung der Briten schlussendlich über grundlegende Ziele einig:

> Wichtige Prinzipien des gemeinsamen und arbeitsteiligen Handelns sollten systematisch verankert werden, das Mehrheitsprinzip sollte die Konzertierung europäischer Politik auf die Stufe des Regierens bringen. Das System der konsequenten Mitentscheidung des Parlaments sollte die Demokratie stärken. Durch die Systematisierung der Zuständigkeiten sollte die Arbeitsteilung zwischen europäischer und einzelstaatlicher Ebene gemäß dem Subsidiaritätsprinzip unterfüttert werden.[59]

Wenn man sich die Ergebnisse im Detail ansieht, fällt auf, dass es sich hier wirklich um beachtliche Fortschritte in der Integration handelt, die der EU einige staatliche Züge geben würden. Grundsätzlich wurde das Primärrecht in vier Teile gegliedert.[60] Der erste Teil umfasst die grundlegenden Verfassungsbestimmungen zu Institutionen, Kompetenzen, Finanzen, Rechtsinstrumenten, Werten, Zielen, Unionsbürgerschaft, Grundrechten und zur Demokratie. Der zweite Teil beinhaltet die Charta der Grundrechte und der dritte Teil Bestimmungen zu den Arbeitsweisen und Politikbereichen der Union. Der vierte Teil besteht aus den allgemeinen Bestimmungen und Schlussbestimmungen.[61] Wichtige Ziele wurden im Verfassungsvertrag (VVE)[62] festgehalten, der jedoch nie den Ratifizierungsprozess in allen Mitgliedstaaten durchlaufen hat.[63] Hierbei wurden Widerstände in einzelnen EU-Mitgliedstaaten schlagend.

58 Europäische Union, *Vertrag über eine Verfassung für Europa* (Luxemburg, 2005).
59 Weidenfeld, „Europäische Einigung im historischen Überblick“ (wie 18), S. 42.
60 Vgl. Europäische Union, *Vertrag über eine Verfassung für Europa* (wie 58), S. 17–198.
61 Vgl. Pollak & Slominski, *Das politische System der EU* (wie 23), S. 48 f.
62 Siehe auch u. a. Europäische Union, *Vertrag über eine Verfassung für Europa* (wie 58).
63 Vgl. Pollak & Slominski, *Das politische System der EU* (wie 23), S. 49 f.

Seit Ende 2009 wurde mit dem Vertrag von Lissabon trotz des Scheiterns des Verfassungsvertrags die Europäische Union (EU) auf eine neue institutionelle Grundlage gestellt. Die wichtigsten Kernziele waren einerseits, die Vertiefung der Integration in Richtung einer politischen Gemeinschaft und deren Handlungsfähigkeit sicherzustellen, und andererseits, die Repräsentation der EU als Akteur zu verbessern. Letzteres wurde durch die Ämter eines Ständigen Ratspräsidenten und eines Hohen Vertreters für Außenpolitik erreicht, Ersteres durch die Anwendung des Prinzips der „Qualifizierten Mehrheit" im Ministerrat in immer mehr Politikbereichen, mit Ausnahme von heiklen Gebieten wie der GASP. Seit Ende 2014 gilt das System der „doppelten Mehrheit" für Abstimmungen mit qualifizierter Mehrheit im Rat bzw. im Europäischen Rat. Das bedeutet, dass die Zustimmung von 55 Prozent der EU-Mitgliedstaaten, welche mindestens 65 Prozent der EU-Bevölkerung repräsentieren, erforderlich ist.[64] Als Antwort auf Kritik bezüglich der demokratischen Qualität des politischen Systems wurde die Stellung des Europäischen Parlaments (EP) gegenüber der Exekutive gestärkt und ein Petitionsrecht für EU-BürgerInnen eingeführt, welches ermöglicht, sich mit Aufforderungen zum Tätigwerden an die EU-Organe zu wenden.

Diese Neuerungen sollten vor allem das sogenannte Legitimations- oder Demokratiedefizit entschärfen. Dabei wurden vor allem die Stärkung des EP und das System der „doppelten Mehrheit" als Basis für mehr Legitimation und Demokratie auf europäischer Ebene gesehen. Auf der anderen Seite werden auch die Personalisierungen von vielen als Schritt in Richtung mehr Legitimation der EU gesehen. „Politik ist Personenwerk – nicht die Ansammlung seelenloser Apparate. Wer Politik verstehbar gestalten will, muss ihr konkrete Gesichter geben. [...] Europa bekommt damit fassbare Gesichter, auf die sich Vertrauen und Misstrauen, Zustimmung und Ablehnung fixieren lassen."[65] Die EU hat sich mit den Reformen, wie zum Beispiel der mehrfachen Parlamentszustimmung, der Personalisierung und der weiteren Aufwertung des EP, in eine klare Richtung entwickelt. In der aktuellen Literatur

64 Siehe „EU-Glossar: Qualifizierte Mehrheit" [https://www.parlament.gv.at/PERK/GL/EU/Q.shtml (27.06.2022)].

65 Weidenfeld, „Europäische Einigung im historischen Überblick" (wie 18), S. 43.

findet man dabei ganz deutliche Befunde. „Das politische System der Europäischen Union entwickelt sich damit weiter in Richtung eines Zweikammersystems, in dem Rat und Europäisches Parlament auch de facto gleichberechtigt agieren. Daraus entsteht ein neues Maß an Vertraulichkeit, weil die Prozedere sehr nah an gewohnte nationale Traditionen rücken. Die Europäische Union lässt sich mit der Verfassung besser in Analogie zu den Nationalstaaten begreifen.“[66]

Aus politikwissenschaftlicher Sicht geht es bei der Interpretation der Europäischen Union in ihrer aktuellen Form primär um drei verschiedene Klassifizierungen. Manche interpretieren die EU als *Staatenverbund*[67], wie es das deutsche Bundesverfassungsgericht befunden hat. Andere sehen die EU als politisches System *sui generis*, welches etwas ganz Neues darstellt. Diese Meinung vertritt auch Habermas, der von einer *post-national entity*[68] spricht, sowie Schmitter, der die EU als *objet politique non identifié*[69] bezeichnet. Die Einordnung als rein völkerrechtliches Konstrukt einer internationalen Organisation wird mittlerweile in der Literatur klar abgelehnt. Seit dem Vertrag von Maastricht ist unbestritten, dass die EU eine politische Union ist. Das politische System der EU erfüllt klar die Funktion der Politik, d. h. die Herstellung kollektiv verbindlicher Entscheidungen. Auch Pollak vertritt diese Meinung, indem er Folgendes schreibt: „Der Charakter der Union hat sich seit Mitte der 80er-Jahre von einem ‚Zweckverband‘ […] ökonomischer Prägung zu einer politischen Gemeinschaft verändert.“[70]

Interessant für eine Beurteilung des Status quo sind auch ausgewählte Passagen aus dem „Vertrag über eine Verfassung für Europa“, Teil I, Definitionen und Ziele der Union, der allerdings nicht ratifiziert wurde. Dort heißt es unter anderem im Wortlaut: „Geleitet von dem Willen der Bürgerinnen und Bürger und der Staaten Europas, ihre Zukunft gemeinsam zu gestalten, begründet diese Verfassung die Europäische Union, der die Mitgliedstaaten Zuständigkeiten zur Verwirk-

66 Ebenda, S. 44.
67 Vgl. Pollak, *Repräsentation ohne Demokratie* (wie 22), S. 12.
68 Vgl. ebenda.
69 Vgl. ebenda.
70 Ebenda, S. 15.

lichung ihrer gemeinsamen Ziele übertragen. Die Union koordiniert die diesen Zielen dienende Politik der Mitgliedstaaten und übt die ihr von den Mitgliedstaaten übertragenen Zuständigkeiten in gemeinschaftlicher Weise aus."[71]

Interessant, weil so weit reichend, sind die angegebenen Ziele der Union sowie deren Begründung auf dem Willen der Bürgerinnen und Bürger. Dass die EU den Verfassungsvertrag „von dem Willen der Bürgerinnen und Bürger" geleitet sehen will, deckt sich mit der historische realen Funktion von Verfassungen, welche Thomas Paine wie folgt als nicht bloß ideell, sondern als real existierend beschreibt: „The constitution is not the act of its government, but of the people constituting a government. [...] A constitution, therefore, is to a government, what laws made afterwards by that government are to a court of judicature."[72]

Die allgemeinen Ziele der Union, wie die Förderung ihrer Werte, von Frieden, des freien Wettbewerbs und des Wohlergehens ihrer Völker, werden durch weitere spezifischere Vorstellungen ergänzt. „[Die Union] wirkt auf die nachhaltige Entwicklung Europas auf der Grundlage eines ausgewogenen Wirtschaftswachstums und von Preisstabilität, eine in hohem Maße wettbewerbsfähige soziale Marktwirtschaft, die auf Vollbeschäftigung und sozialen Fortschritt abzielt, sowie ein hohes Maß an Umweltschutz und Verbesserung der Umweltqualität hin. Sie fördert wissenschaftlichen und technischen Fortschritt."[73] Besonders hervorzuheben sind die gesellschaftlichen, sozialen Ziele der Union, die in diesem Entwurf verankert sind:

> Sie bekämpft soziale Ausgrenzung und Diskriminierung und fördert soziale Gerechtigkeit und sozialen Schutz, die Gleichstellung von Frauen und Männern, die Solidarität zwischen den Generationen und den Schutz der Rechte des Kindes. Sie fördert den wirtschaftlichen, sozialen und territorialen Zusammenhalt und die Solidarität zwischen den Mitgliedstaaten. Sie wahrt den Reichtum ihrer kulturellen und sprachlichen Vielfalt und sorgt für den Schutz und die Entwicklung des kulturellen Erbes Europas.[74]

---

71 Europäische Union, *Vertrag über eine Verfassung für Europa* (wie 58), S. 17.

72 Thomas Paine, The Rights of Man, 1791/92, zit. in: Hannes Wimmer, *Evolution der Politik: Von der Stammesgesellschaft zur modernen Demokratie* (Wien, 1996).

73 Europäische Union, *Vertrag über eine Verfassung für Europa* (wie 58), S. 17.

74 Ebenda, S. 17 f.

Bezeichnend für den öffentlichen Diskurs über die EU und gerade diesen Vertrag ist, dass all diese festgeschriebenen Ziele noch nie in den Massenmedien aufgetaucht sind. Es stellt sich natürlich die Frage zum Verhältnis von EU und nationaler politischer Öffentlichkeit. Anscheinend kommt es hier häufig zu Kommunikationsproblemen beziehungsweise zur Durchsetzung der betont nationalen Perspektiven in den öffentlichen Diskursen. Das Problem der mangelnden Ausbildung einer europäischen politischen Öffentlichkeit kann aufgrund des begrenzten Rahmens dieser Studie nicht näher behandelt werden.

Heute gibt es darüber keinen Zweifel mehr, dass die EU auch eine politische Dimension besitzt. Die Frage, welche es hier zu klären gilt, ist, wie die dritte Klassifizierung einzustufen ist: die Union als Bundesstaat, als *Vereinigte Staaten von Europa* mit einem supranationalen Kern. Die Meinung Charles de Gaulles, dass die EU niemals mehr als ein Verbund von Nationalstaaten sein könne, weil man eben aus „hartgekochten Eiern – als welche die europäischen Nationen ja fürwahr anzusehen sind – eben kein Omelette machen könne"[75], weist diese Idee zurück. Hannes Wimmer (2000) geht in seinem Buch der Frage nach, welche Schlüsse daraus zu ziehen seien, wenn die Eigeninteressen der Nationen das eigentliche Haupthindernis für die Bildung der *Vereinigten Staaten von Europa* sind. Das deutsche Bundesverfassungsgericht[76] begründete mit dem Fehlen eines europäischen *Demos* seine Erkenntnis, dass die EU ein „Staatenverbund" und kein „Bundesstaat" sei beziehungsweise sein könne. Hannes Wimmer stellt diese Interpretation klar dar: „Noch viel eindeutiger fällt das Urteil aus, wenn man die Legitimität des Staates auf das Prinzip der Volkssouveränität gründet, denn mangels eines Staatsvolkes könne es keine ‚verfassunggebende Gewalt' geben, auf welche sich eine – die rechtliche Grundordnung des Staates konstituierende – Verfassung gründen ließe."[77] Dies würde in der Folge bedeuten, dass, solange es „Nationen" in Europa gibt, auch kein legitimer europäischer Bundesstaat möglich sei. Voraussetzung

75 Zit. nach: Hannes Wimmer, *Die Modernisierung politischer Systeme. Staat, Parteien, Öffentlichkeit* (Wien [u. a.], 2000), S. 56.

76 So lautete die Erkenntnis beim sogenannten Maastricht-Urteil des deutschen Bundesverfassungsgerichts.

77 Wimmer, *Die Modernisierung politischer Systeme* (wie 75), S. 76.

hierfür wäre nämlich ein europäisches Volk, das seine Souveränität an dessen politische Repräsentanten auf EU-Ebene überträgt.

Manche Juristen, wie zum Beispiel Stefan Griller (1996), vertreten die gegenteilige Meinung. Er meint nämlich, dass durch die freiwillige Souveränitätsabgabe von Nationalstaaten an die Europäische Union diese schon ausgeprägte Elemente von Staatlichkeit im juristischen Sinne besitzt. Man kann diesen Prozess pointiert auch als Souveränitätsübergabe statt als Souveränitätsabgabe bezeichnen. Diese Argumentation setzt beim juristischen Staatsbegriff des deutschen Bundesverfassungsgerichts an, wo das „Staatsvolk" ein wichtiges Staatselement darstellt. Die klassische deutsche Staatslehre geht davon aus, dass nur ein „relativ homogenes Volk"[78], die Nation, die Grundlage des Verfassungsstaates bilden kann. Interessant ist, dass in dem Maastricht-Urteil der EU klare Grenzen aufgezeigt werden: „Vermitteln die Staatsvölker – wie gegenwärtig – über die nationalen Parlamente demokratische Legitimation, sind mithin der Ausdehnung der Aufgaben und Befugnisse der Europäischen Gemeinschaften vom demokratischen Prinzip her Grenzen gesetzt. [...] Die Staaten bedürfen hinreichend bedeutsamer eigener Aufgabenfelder, auf denen sich das jeweilige Staatsvolk in einem von ihm legitimierten und gesteuerten Prozeß politischer Willensbildung entfalten und artikulieren kann, um so dem, was – *relativ homogen* – geistig, sozial und politisch verbindet [...], rechtlichen Ausdruck zu geben."[79]

Als wichtiges Argument gegen den engen Begriff des Staatsvolkes als eines „relativ homogene[n] Staatsvolk[s]" wird die Tatsache angeführt, dass Homogenitätsansprüche auf rechtspolitischen Entscheidungen des Gesetzgebers beruhen, wo vor allem das *ius sanguinis* die Rechtsordnung beeinflusst (Deutschland, Österreich). Es gebe genug Beispiele, wo das durch das *ius soli* von vornherein ganz anders ist (zum Beispiel die USA).[80] „Man denke nur an die USA, Kanada, Belgien oder die Schweiz [...]. Diesen Gemeinschaften wird wohl kaum jemand ihre Staatlichkeit absprechen wollen, obgleich sie die

78 Vgl. Stefan Griller, „Ein Staat ohne Volk? Zur Zukunft der Europäischen Union", in: *IEF Working Paper*, Nr. 21 (Wien, Okt. 1996), S. 2.

79 Ebenda.

80 Vgl. ebenda, S. 5.

hier zur Debatte stehenden Homogenitätsanforderungen offensichtlich nicht erfüll(t)en."[81] Es wird dabei von Griller auch darauf hingewiesen, dass „die Auflösungserscheinungen der Staatselemente gerade wegen der zunehmenden internationalen Verflechtungen auch vor dem Staatsvolk nicht Halt machen"[82]. Dabei spielen vor allem die Globalisierung, neue Technologien, Massentransportmittel und die zunehmende Migration eine große Rolle. Es wird vom Autor auch darauf hingewiesen, dass die Formulierungen des BVerfG bezüglich der Definition eines Staatsvolkes sehr bedenklich seien, da sie in der Nähe von historisch belasteten anzusiedeln sind.[83] Die Unionsbürgerschaft bildet dem Autor nach automatisch die europäische Bevölkerung, welche völkerrechtlich auch das „Volk" der EU darstellt. Diese Debatte zeigt ganz deutlich die unterschiedlichen Konzeptionen von Nation und Staat. Auf der einen Seite das Konzept des *ius sanguinis*, das in der Regel zu exklusiven kulturellen und ethnischen Definitionen von Staatsvolk und Nation führt. Auf der anderen Seite der Ansatz des *ius soli*, der in der Regel zu inklusiven zivilen Konzeptionen von Staatsbürgertum und Nation führt.

Dem Einspruch, dass die Mitgliedstaaten der EU über den Verfassungsvertrag entscheiden sowie Veränderungen maßgeblich bestimmen und die EU somit kein Bundesstaat sei, entgegnet er: „Historisch betrachtet ist es auch keineswegs unüblich, dass die Gliedstaaten eines Bundesstaats bei Verfassungsänderungen das letzte Wort haben, wenn auch das Erfordernis der Annahme von Änderungen durch alle Mitglieder eine besonders rigide Konstruktion ist."[84]

Das, was der EU schlussendlich zu wirklicher Staatlichkeit fehle, sei die „Kompetenz-Kompetenz", das heißt, dass sie ihre Verfassung selbstständig abändern kann.[85] Rechtlich jedoch habe sich die EU einem Bundesstaat schon sehr weit angenähert. Die aktuelle Diskussion um die Reformverträge entspräche demnach einer Diskussion um

81 Ebenda, S. 6.
82 Ebenda.
83 Vgl. ebenda, S. 8.
84 Ebenda, S. 16.
85 Ebenda, S. 25.

die Beseitigung von Defiziten für das bessere Funktionieren des institutionellen Systems in Richtung eines funktionierenden Bundesstaats.

Rein juristisch betrachtet mögen diese Überlegungen durchaus schlüssig erscheinen. Denn einerseits schaut es juristisch danach aus, dass sich die EU hin zu einem bundesstaatlichen Gebilde entwickelt. Doch andererseits gibt es seit jeher – und diese Tendenzen werden nicht weniger – politische Strömungen, welche klar gegen einen europäischen Bundesstaat, gegen *Vereinigte Staaten von Europa* und für ein *Europa der Vaterländer* mit starken eigenständigen Nationalstaaten als Basis eintreten.

Wichtig ist, sich auch bewusst zu werden, dass europäische Staatlichkeit im Unterschied zum klassischen Staat eben bedeutet, dass viele Merkmale des modernen Nationalstaates auf europäischer Ebene weniger scharf ausgeprägt sind. „Dies gilt für nahezu alle Dimensionen, angefangen beim Verhältnis von Exekutive, Legislative und Judikative, über die Öffentlichkeiten und die Medien bis hin zur legitimierten Ausübung des Gewaltmonopols im Innern, der Souveränität und der ‚relationalen' Macht im internationalen System einschließlich des militärischen Potenzials nach außen."[86]

An dieser Stelle erscheint eine politikwissenschaftliche Verwendung des Begriffes von „Staatlichkeit" gegenüber einer juristischen als sinnvoller. Die EU besitzt im politikwissenschaftlichen Sinne bestimmte Elemente der Staatlichkeit, ist jedoch kein supranationaler „Superstaat", da wichtige Bedingungen für einen modernen Staat fehlen. Es ist jedoch deutlich die Tendenz kontinuierlicher Vertiefung und zunehmender „Staatlichkeit" der Europäischen Union festzustellen. Nationale Gesetzgeber müssen zwar zunehmend europäische Beschlüsse umsetzen, jedoch bleibt die EU am ehesten eine Art „Regulierungsstaat" im Unterschied zum klassischen „Interventionsstaat" mit eigener Steuer- und Umverteilungspolitik.[87] Wichtig ist dabei die Tatsache, dass, obwohl es zu einem kontinuierlichen Kompetenzzuwachs der EU auf supranationaler Ebene und zu einem Kompetenzverlust der

86 Elmar Altvater & Birgit Mahnkopf, *Konkurrenz für das Empire. Die Zukunft der Europäischen Union in der globalisierten Welt* (Münster, 2007), S. 86.

87 Berthold Rittberger, *Die Europäische Union. Politik, Institutionen, Krisen* (München, 2021), S. 92.

Mitgliedstaaten auf nationaler Ebene gekommen ist, die EU immer noch ein Zwitterwesen zwischen „einer supranationalen Organisation und einer zwischenstaatlichen intergouvernementalen Kooperation“[88] ist. Entscheidend hierbei ist ganz klar der Kompromiss der Mitgliedstaaten, ihre nationalen Interessen und ihre Souveränität einerseits zu schützen sowie andererseits gemeinsames Handeln auf supranationaler Ebene zu ermöglichen. Dieses potenzielle Spannungsfeld zwischen nationalen Interessen und supranationaler Politik führt in der Folge zu den typischen Merkmalen des politischen Systems der EU.

Idealisiert kann die Beschreibung der EU dann wie folgt lauten: „Dieses föderative Gebilde ermöglicht es Vielfalt mit Einheit zu verbinden.“[89] Öfters wird dieses System auch als Mehrebenensystem bezeichnet, wo politische Willens- und Entscheidungsfindung auf drei unterschiedlichen Ebenen stattfinden können: regional, national und europäisch. Nach dem Prinzip der Subsidiarität sollen Entscheidungen dort getroffen werden, wo es sinnvoll ist. „Das Verhältnis zwischen den verschiedenen territorialen Einheiten soll nach dem Grundsatz der Subsidiarität geregelt werden.“[90] Dies hätte zur Folge, dass man den in der politischen Diskussion so viel gescholtenen „Brüsseler Zentralismus“ verhindert.

Zusammenfassend kann man die Europäische Union als voll entwickeltes politisches System beschreiben, das jedoch zum jetzigen Zeitpunkt kein voll entwickelter Staat im traditionellen Verständnis ist. „Man kann somit von einem Quasi-Staat sprechen, der die drei Kriterien Territorialität, Staatsvolk und ausübender politischer Herrschaft zum Teil erfüllt.“[91]

1.5. EU – Quo vadis?

In diesem ersten Kapitel soll der Begriff der Europäischen Union soweit beleuchtet und geklärt werden, dass im weiteren Verlauf der

88 Frank R. Pfetsch, *Das neue Europa* (Wiesbaden, 2007), S. 62.
89 Ebenda, S. 63.
90 Ebenda.
91 Ebenda, S. 64.

Arbeit damit gearbeitet werden kann. Die vorangegangen Beschreibungen bezogen sich vor allem auf die politische Vision des Projektes Europa und auf das System der EU. Bei der EU handelt es sich um ein politisches Projekt, das vor allem von Eliten unterschiedlicher ideologischer Prägung getragen wird. Bei der Frage nach der „Ablehnung gegenüber der Europäischen Union in Österreich" spielen in der Analyse jedoch außer der EU als politischem System und Eliten auch gesellschaftliche und ideologische Faktoren eine Rolle. Wenn man auf die EU-kritischen Strömungen in Österreich eingeht, so wird man feststellen, dass es primär gar nicht so sehr um eine sachliche Diskussion des europäischen Politiksystems und seiner tatsächlichen Auswirkungen geht. Eine genaue Ausarbeitung der EU-Kritik auf österreichischer Ebene mit Schwerpunkt auf der nationalen Identität sowie empirischen Daten findet im vierten und fünften Kapitel statt.

Zwei der häufigsten Kritikpunkte gegenüber der EU sind das Demokratiedefizit und der Zentralismus. Dem Zentralismus steht jedoch ganz klar das Subsidiaritätsprinzip entgegen. Zum Demokratiedefizit fallen, systemanalytisch betrachtet, ohne hier die institutionellen Abläufe im Detail zu diskutieren, folgende Merkmale auf. „Bürger und gesellschaftliche Gruppen können ihre Interessen entweder durch intermediäre Gruppen oder durch Parteien zum Tragen bringen. Die Input-Kanäle sind offen und durchlässig nach ‚oben'."[92] Gerade weil das System auf kollektiven Entscheidungen beruht, erscheint die Willensbildung (z. B. EU-Budget) oft schwerfällig. „Kollektive Entscheidungen bestimmen die Redistribution von ökonomischen Ressourcen und die Zuteilung von sozialen und politischen Werten quer über das gesamte System. [...] Zwischen den Ergebnisleistungen (Output) und den Anforderungen (Input) bestehen Rückkoppelungsprozesse."[93] Bei der EU handelt es sich demnach um ein funktionierendes politisches System.

Der Schritt weg von souveränen Nationalstaaten, hin zur freiwilligen Abgabe von Souveränität an eine supranationale Organisation, darf nicht als selbstverständlich angenommen werden. Nach dem Zweiten Weltkrieg bildeten die Nationalstaaten neben dem institutionellen

92 Ebenda.
93 Ebenda.

auch den ideologischen Rahmen der liberalen Demokratie in Europa. Besonders auffällig erscheint der Ursprung des ideologischen Kerns der europäischen Einigung. Es handelt sich dabei nicht um eine weitverbreitete, von den Massen getragene, populäre Idee, sondern hat ganz im Speziellen mit Personen wie Jean Monnet zu tun, die nach den unmittelbaren Erfahrungen des Zweiten Weltkrieges kosmopolitisch und nicht nationalistisch dachten. Wie die spätere Geschichte gezeigt hat, war diese Gruppe von europäischen Idealisten um Jean Monnet herum eher ein elitärer Kreis von Intellektuellen und Kosmopoliten und nicht vergleichbar mit Politikern wie Charles de Gaulle, Margaret Thatcher, François Mitterrand und vielen anderen, welche kein Europa mit einem starken zentralen supranationalen politischen Kern, sondern ein Europa der starken Vaterländer wollten.

Dieser Konflikt zwischen den Gründern der EU, denen eine politische Union als Bundesstaat mit föderalem Charakter vorschwebte, und manchen nationalen PolitikerInnen, bei denen von jeher der starke Nationalstaat im Zentrum aller Überlegungen stand – die oft einen begrenzten Staatenverbund mit starken Nationalstaaten bevorzugen –, spielt bei allen Diskussionen darüber, in welche Richtung sich die EU entwickeln solle, welche Aufgaben ihr heute und in der Zukunft zukommen sollen, eine maßgebliche Rolle. Der noch immer offenen und von der Politik oft gescheuten Frage nach der Finalität der sich im Entwicklungsprozess befindlichen EU wird im folgenden Abschnitt nachgegangen.

Gerade heute, wo wirtschaftliche Entwicklungen zu einer Verschärfung sozialer und politischer Konflikte führen können, ist die Frage nach der Antwort auf Probleme, die Europa als Gesamtheit betreffen, für dessen Zukunft essenziell. Natürlich sind bestimmte rasche Maßnahmen bei vielen Problemen auch auf nationalstaatlicher Ebene nötig. Jedoch ist es ein Faktum, dass durch die immer tiefere ökonomische Integration und Vernetzung der einzelnen Nationalstaaten es keinem europäischen Staat mehr gelingt, sich von globalen Entwicklungen zu isolieren. Dies ist die Ambivalenz der europäischen Integration sowie im Allgemeinen der Globalisierung. Gerade die ökonomische Integration, die gezielte Liberalisierung und internationale Vernetzung der Wirtschaft haben in den vergangenen Jahrzehnten nach dem Ende des Zweiten Weltkrieges zu einem einzigartigen Wachstum der Wirtschaft und des Wohlstandes in Europa geführt. Entscheidend ist, dass die EU ein Gebilde von freiwillig zusammengeschlossenen Nationalstaaten ist. Die Motivation dafür beruht vor allem auf historischen und ökonomischen Faktoren.

> Diese Freiwilligkeit hat mehrere Wurzeln, von denen die gemeinsame geschichtliche Erfahrung, das Eigeninteresse der Mitgliedstaaten, die zeitweilige gemeinsame Bedrohung aus dem Osten und die wirtschaftlichen Herausforderungen etwa durch Japan oder die USA zu den wichtigsten zählen.[94] Auch allgegenwärtige Globalisierungstendenzen zu größeren Märkten, die Verdichtung der Lebensräume durch Technik und Technologie, schnellere Transport- und Kommunikationsmittel etc. sind als Antriebskräfte für den europäischen Einigungsprozess zu sehen.[95]

Es gibt gute Gründe, die für eine Vertiefung der EU sprechen. Die Zustimmung dafür wird aufgrund von Krisen (z. B. Kriege, Wirtschaftskrisen) im Allgemeinen größer, wie man aus der historischen Erfahrung ablesen kann.[96] Dies trifft grundsätzlich auch bei den jüngsten Krisen wie der Corona-Pandemie 2020 und der Invasion Russlands in der Ukraine 2022 zu. Doch eines sollte nicht vergessen werden: Auf der Ebene der Massenbasis hat die EU gewichtige KritikerInnen, welche sich der jeweiligen Konjunktur anpassen und dementsprechend zwischen weichem und hartem Euroskeptizismus schwanken. Die EU-Verfassungsreferenden in Irland, Frankreich, den Niederlanden und auch der Brexit sprechen eine deutliche Sprache und zeigen, dass kurzfristige konjunkturelle Effekte keine generellen Trends darstellen.

In Europa fragen sich viele Menschen, in welche Richtung sich die Politik auf nationaler, aber auch auf europäischer Ebene bewegt. Dabei kommt es bei EU-kritischen Stimmen oft zu Renationalisierungstendenzen. „These feelings raise once more all the problems concerning national identity. Jean Monnet's message – ‚we don't bring together states, we unite men' – also seems to be forgotten."[97] Immer wieder zeigen

94 In der Gegenwart sollte man auch China und Russland als geopolitische Konkurrenten für Europa nicht vergessen. Dies zeigt sich vor allem in den Bereichen Sicherheits-, Energie- und Außenpolitik recht deutlich.

95 Pfetsch, *Das neue Europa* (wie 88), S. 63.

96 Vgl. Delanty, *Inventing Europe* (wie 2), S. 7.

97 A. C. D'Appolonia, „National and European Identities between Myths and Realities", in: Ulf Hedetoft (Hrsg.), *Political Symbols, Symbolic Politics: European Identities in Transformation* (Aldershot, 1998), S. 65–79, hier S. 65.

sich Widersprüche zwischen nationalen Interessen und einer tieferen europäischen Integration. Auch wenn sich so mancher Staatschef international gerne als großer Europäer präsentiert, so sieht die Realität oft ganz anders aus. Bezeichnend hierfür ist, dass nicht einmal der gemeinsame Markt vollendet ist. „French President Nicolas Sarkozy's insistence that there be no reference in the ToL to the inviolability of ‚free and open competition' was a telling indication of this concern."[98]

Es scheint so, als ob trotz der realen Schwächung der Nationalstaaten diese nicht an emotionaler Bedeutung für die Menschen verloren haben. Natürlich ist klar, dass die Idee vom Nationalstaat und der damit verbundenen „Nation" immer mit einem enorm starken Pathos verbunden ist. Zudem muss man auch beachten, dass jedes Staatsoberhaupt und jeder Europaparlamentarier realpolitisch immer noch in erster Linie seinem Wahlvolk verpflichtet ist und dieses auch innerhalb der EU zu vertreten hat. Europa-Idealismus hin oder her – jedes Staatsoberhaupt wird von nationalen WählerInnen gewählt und ist deshalb diesen verantwortlich. Hier fällt es einem als außenstehendem Beobachter oft schwer zu beurteilen, ob es sich bei einem Anliegen um ein für die Region wichtiges Interesse oder um nationale Egoismen handelt.

Natürlich liegt es aber auch an den WählerInnen selbst. Bringen diese EU-Idealismus und Solidarität mit und verfallen keinem polarisierenden Nationalismus und Populismus, so werden auch die gewählten PolitikerInnen in der EU mehr gemeinschaftliche Interessen vertreten. Jedoch ist eine Tendenz zum Nationalismus in Europa feststellbar. Gerade die so pathosbeladene Ideologie des Nationalismus macht es natürlich für populistische PolitikerInnen reizvoll, sie für den Zweck der Stimmenmaximierung zu benutzen und Kritik an „der EU" und ihren Eliten zu äußern.

Die Gründe dafür werden in dieser Arbeit am Beispiel Österreichs analysiert. Eine weitere Erklärung für das Wiedererstarken nationalis-

98 W. Quaisser & S. Wood, „The ‚New European Union' – Characteristics, Contradictions and Challenges", in: *Kurzanalysen und Informationen des Osteuropa-Instituts Regensburg*, Nr. 30 (Regensburg, Febr. 2008), S. 5. [Der „Treaty of Lisbon", der Vertrag von Lissabon, wird hier als ToL abgekürzt.]

tischer Strömungen lautet neben dem Populismus zur Stimmenmaximierung wie folgt:

> In fact Europe is a function of the nation-state, which has also fostered the nationalism of the region. [...] the movement towards European unity has possibly led to a strengthening of the nation-state since there has been a transfer of major mechanisms of economic and political integration to the EU onto which the burden of legitimation has been shifted.[99]

Die Frage wird sein, ob institutionelle Probleme wie das „Demokratiedefizit" oder die „Legitimationsproblematik" gelöst und überwunden werden können.[100] Die folgende berühmte Aussage Jean Monnets scheint zur Frage der Realisierbarkeit eines vereinten Europas zu werden: „Nous ne coalisons pas des Etats, nous unissons des hommes."[101] Hätten manche PolitikerInnen diesen Satz genauer übersetzt, so wäre die Vorstellung der europäischen Elite für die meisten ohnehin klar gewesen. Es geht hier um keine „Koalition von Staaten", also auch um keinen Staatenbund oder Staatenverbund, es geht ganz klar um die Vereinigung von Staaten und deren BürgerInnen, also um einen viel höheren Grad der Integration von Europa.

Dabei wird wieder jenes Problem deutlich, mit dessen Bearbeitung sich das erste Kapitel beschäftigt hat: Was verstehen die Parteien, die politischen Eliten und die Menschen eigentlich unter Europa? Thomas Risse hat in einer Longitudinalstudie von politischen Diskursen über „Europa" in den größten Parteien Frankreichs, Deutschlands und Großbritanniens festgestellt, dass „Europa" überall anders gedeutet wird. Für die deutsche politische Elite bedeutet „Europa" und die europäische Integration die Überwindung der eigenen nationalistischen und militärischen Vergangenheit. Im klaren Gegensatz dazu konstruierten die französischen politischen Eliten „Europa" eingebettet in ihr Verständnis ihrer eigenen nationalen Identität.[102] „The French eli-

99 Delanty, *Inventing Europe* (wie 2), S. 157.

100 Zum Thema „Demokratiedefizit der EU" siehe unter anderem: Fritz Scharpf, *Regieren in Europa. Effektiv und demokratisch?* (Frankfurt/M.; New York, 1999), sowie: Philippe C. Schmitter, *How to democratize the European Union ... and why bother?* (Lanham, Md., 2000).

101 Zitiert in Pfetsch, *Das neue Europa* (wie 88), S. 68.

102 Vgl. Thomas Risse, „European Institutions and Identity Change: What Have We Learned?", in: Richard K. Herrmann, Thomas Risse & Marilynn B. Brewer (Hrsg.),

tes, in contrast, constructed Europe as the externalization of distinct French values of Republicanism, enlightenment, and the *mission civilisatrice*."[103] Überhaupt im Gegensatz dazu konstruierten die britischen Eliten „Europa" in Kontrast zu ihrem Verständnis von der englischen Nation, was die Resonanz des Brexit-Diskurses von UKIP zum Teil erklärt.[104] Ein Schlüssel zum Europaverständnis liegt demnach in den Konstruktionen der unterschiedlichen nationalen Identitäten.

Transnational Identities. Becoming European in the EU (Oxford, 2004), S. 247–272, hier S. 252.

103 Ebenda.

104 Vgl. ebenda, S. 253.

2. Nationalismus und nationale Identität

Nachdem die EU als politische Idee näher vorgestellt worden ist, liegt nun der Schwerpunkt auf den theoretischen Grundlagen der Ablehnung gegenüber der EU. Im ersten Kapitel ist deutlich geworden, dass es sich bei der europäischen Integration um einen typischen „Top-down"-Prozess der politischen Eliten Europas handelt. Dass dies, historisch betrachtet, nichts Ungewöhnliches bei einem politischen Einigungsprozess darstellt, dürfte folgende Aussage von Massimo d'Azeglio verdeutlichen, die er 1860 im italienischen Senat tätigte: „Having made Italy, we must now make Italiens."[105]

Der Vergleich hinkt jedoch an dem Punkt, an dem es um den einheitlichen politischen Willen geht. In der zweiten Hälfte des 19. Jahrhunderts gab es in Italien eine im Geiste der damaligen Zeit äußerst populäre und massentaugliche Idee von einem vereinigten Nationalstaat Italien, getragen von der damals modernen Ideologie des Nationalismus. Im Europa der 27 Mitgliedstaaten gibt es hingegen viele unterschiedliche nationale Interessen. Der Wunsch nach einem Europa der Europäerinnen und Europäer bleibt auf der politischen Ebene nur allzu oft den Eliten in den europäischen Institutionen selbst vorbehalten. Wie schon zuvor erwähnt, muss man auch hier auf die Zeitdimension hinweisen. Seit dem Vertrag von Maastricht haben die Bemühungen in diese Richtung, zumindest auf der elitären Ebene, deutlich zugenommen.

> Even in 1992, economics, not culture, was principally on the mind of Jacques Delors. In the last decade, the question of a European identity and European citizenship has begun to dominate the discourse of European political and intellectual elites [...]. The ‚old' Europe of territorially bounded nation-states – the by-products of wars, revolutions, and social

---

105 Zitiert in Mabel Berezin, „Introduction / Territory, Emotion, and Identity: Spatial Recalibration in a New Europe", in: Mabel Berezin & Martin Schain (Hrsg.), *Europe without Borders. Remapping Territory, Citizenship, and Identity in a Transnational Age* (Baltimore, 2003), S. 1–32, hier S. 15.

> conflicts – evolved as a political, economic, and cultural project. A new European identity is arguably an afterthought.[106]

Dieses Vorhaben erscheint vielen Menschen als vernünftig, gerade im Kontext der Globalisierung auch ökonomisch, und in vielerlei Hinsicht für die Mitgliedstaaten rational sinnvoll. Gerade innerhalb der EU-Institutionen und auch auf nationalstaatlicher Ebene hat sich im Verlauf der letzten Jahrzehnte eine politische Elite von EuropäerInnen herausgebildet. Doch andererseits erscheint es, als würde die Kluft zwischen überzeugten EuropäerInnen, EU-GegnerInnen und NationalistInnen zunehmen.

Folgende Geschichte macht deutlich, in welchem Ausmaß Nationen als die wichtigsten territorialen Identitäten, die wir heute in Europa haben, künstlich geschaffen und von Eliten konstruiert wurden. Umso wichtiger ist es, sich genau anzusehen, wieso Nationen als soziale Realität so stark im Bewusstsein der Menschen verankert sind und für alle möglichen politischen Ziele instrumentalisiert werden können.

> Ein alter Ungar stirbt und möchte in den Himmel kommen.
> Beim Haupteingang stellt ihm ein Erzengel die üblichen Fragen:
> Wo bist, du guter Mann, denn geboren?
> Der Alte antwortete: in der österreichisch-ungarischen Monarchie.
> Wo hast du die Schule besucht? In Ungarn.
> Wo hast du zu arbeiten begonnen? In der Slowakei.
> Wo hast du geheiratet? In Rumänien.
> Wo bist du in Pension gegangen? In der Sowjetunion.
> Wo bist du gestorben. In der Ukraine.
> Guter Mann, schaut der Erzengel hoch,
> du bist aber viel herumgewandert. Ganz und gar nicht,
> antwortete der Alte: Ich habe mein Dorf mein Lebtag
> nicht verlassen![107] (István Szabó)

Eine erste Frage muss hier lauten, ob es im Augenblick überhaupt eine europäische Identität gibt. Bei einer diesbezüglichen Studie aus dem Jahr 2004, die im Auftrag der Europäischen Kommission erarbeitet wurde, kam man zu der Einsicht, dass es keine kulturelle oder geistige europäische Identität gebe:

---

106 Ebenda, S. 16.

107 István Szabó, zit. nach: Erhard Busek, *Eine Seele für Europa. Aufgaben für einen Kontinent* (Wien, 2008), S. 29.

> Es ist kein Zufall, dass die wirtschaftliche Integration als Triebkraft zur politischen Reformation Europas nicht ausreicht. Wirtschaftliche Integration als solche führt einfach nicht zu einer politischen Integration, da Märkte keine politisch belastbare Solidarität erzeugen können. Solidarität, wahrer Gemeinschaftssinn, ist von grundlegender Bedeutung, da der am Markt herrschende Wettbewerb starke Zentrifugalkräfte mobilisiert. [...] Die ursprüngliche Erwartung, dass die politische Einheit der EU sich als Folge des Europäischen Binnenmarktes einstellen werde, hat sich als illusorisch erwiesen.[108]

Nun, der Befund ist recht deutlich: Es gibt eine europäische Identität innerhalb der Eliten, insbesondere innerhalb der EU-Institutionen. Doch gerade dieser Ansatz durch die Institutionen funktioniert nur für denjenigen elitären Kreis, der auf EU-Ebene durch ständiges Verhandeln und kollektive Zusammenarbeit die EU als soziale Realität wahrnimmt und durch Sozialisation eine europäische Identität ausbildet.[109] Dies funktioniert jedoch nicht als Triebfeder für eine breite Sozialisation innerhalb der Bevölkerung, da die breite Masse der BürgerInnen in den Mitgliedstaaten diesen unmittelbaren institutionellen Bezug nicht hat.

Historisch betrachtet ist eine europäische Identität innerhalb von sozialen oder beruflichen Eliten keineswegs neu. Schon früher war es für Gebildete, die eine gemeinsame Hochkultur teilten, üblich, zu der eigenen Landessprache zusätzliche Sprachen wie Englisch, Latein und Französisch zu lernen.[110] Dieser exklusive Kreis von Intellektuellen stand im Gegensatz zu der breiten Masse, deren soziale Welt lokal verankert war. „Exclusive social and professional networks forged one part of the old European identity. Nineteenth-century innovations such as mass schooling and conscription helped to foster bonds of national solidarity among workers and members of the lower middle classes."[111] Die durch die Französische Revolution bereitete politische

108 Krzysztof Michalski, *Die geistige und kulturelle Dimension Europas: Reflexionsgruppe der Europäischen Kommission* (Europäische Kommission, 2004), S. 8 f.

109 Vgl. Brigid Laffan, „The European Union and Its Institutions as ‚Identity Builders'", in: Richard K. Herrmann, Thomas Risse & Marilynn B. Brewer (Hrsg.), *Transnational Identities. Becoming European in the EU* (Oxford, 2004), S. 75–96.

110 Vgl. Berezin, „Introduction / Territory, Emotion, and Identity: Spatial Recalibration in a New Europe" (wie 105), S. 16.

111 Ebenda.

Ideologie des Nationalismus erwies sich in der Folge für die Gestaltung Europas als entscheidend und dauerhaft wirksam.

Faktum ist, dass die EU-Mitgliedschaft ausnahmslos nationalstaatlich organisiert ist. Die Nation und der damit zusammenhängende Nationalismus sind keine reine Ideologie. Es ist heute vielmehr die universal akzeptierte Norm, dass das internationale Staatensystem von Nationalstaaten gebildet wird. Es ist beachtlich, in welcher Dynamik die europäische Integration nach 1945 stattgefunden hat. „In contrast to old European identity, new European identity is a product of political demand rather than social contingency. The ‚unbundling' of nation-state sovereignty and the logistical problems that it brings to ordinary citizens are as likely to strengthen existing national identities as they are to generate a feeling of common Europeanness."[112]

Die zweite wichtige Frage an dieser Stelle lautet, wie die Herausbildung einer europäischen Identität in den Gesamtgesellschaften der Mitgliedstaaten funktionieren kann und ob es in der Folge zukünftig zu einem europäischen *Demos* kommen kann. Durch die vorangegangenen Feststellungen erscheinen zwei wichtige Integrationstheorien – der Neofunktionalismus und der Neoinstitutionalismus – für diese Arbeit als nicht sehr hilfreich. Obwohl diese beiden Theorien ihren wichtigen Teil zur Erklärung der Integration beitragen, so können sie keine befriedigenden Antworten im Bereich der europäischen Identität und der Ablehnung gegenüber der EU liefern. Besser geeignet für das Vorhaben dieser Arbeit – die Erklärung von EU-Ablehnung – erscheinen sozial-konstruktivistische sowie nationalismustheoretische Ansätze.

Der Schlüssel zum Verständnis von Solidargemeinschaften ist, dass man unterschiedliche Dimensionen beachten muss. Zum einen gibt es eine rationale Dimension. Bei dieser Perspektive steht eine rationale Evaluierung von Vor- und Nachteilen im Mittelpunkt. Ein anderer Blickwinkel setzt Identitäten und die soziale Funktion von Gemeinschaft ins Zentrum der Analyse. Die politische Komponente, basierend auf Ideologie und politischer Kommunikation, spielt ebenfalls eine große Rolle.

112 Ebenda, S. 16 f.

Europäische Integration findet als dynamischer Prozess kontinuierlich statt, ohne dass sich die BürgerInnen zwingend aktiv damit auseinandersetzen müssen. Faktum ist jedoch auch, dass sowohl der Nationalstaat als auch die EU eine Realität für die BürgerInnen darstellen, wobei beide nichts Statisches oder Endgültiges sind.

> The Union does not [...] represent a one-dimensional frame of meaning or an uncontested normative framework for European states or their citizens. It offers multiple frames and many Europes – market Europe, social Europe, human rights Europe, racist Europe, wealthy Europe, poorer Europe – east and west, north and south. [...] Western Europe during the past half-century has shown itself to have an extraordinary capacity to remodel relationships between Europe's states and their peoples.[113]

Die öffentlichen politischen Debatten um Reformverträge und um die Entwicklung der EU zeigen deutlich, wie sehr Europa für die BürgerInnen schon Realität geworden ist. Auch die Kritik und die Ablehnung tragen dazu bei, dass Europa als Realität in den Köpfen der Menschen seinen Platz erhält.

2.1. Konzeptualisierung von Nationalismus, Nation und kollektiver Identität

Einführend sollen hier die wichtigsten Begriffe und Theorien bezüglich Nationalismus und Nation definiert und diskutiert werden. Da in der Politikwissenschaft allgemein gültige Definitionen in diesem Bereich fehlen, werden die wichtigsten Ansätze vorgestellt und brauchbare Arbeitsdefinitionen vorgeschlagen.

In der modernen Nationalismusforschung unterscheidet man grob vier verschiedene Ansätze: Primordialisten, Perennialisten, Ethno-Symbolisten (stehen den Modernisten nahe) und Modernisten. Aktuell ist jedoch in der Politikwissenschaft eine scharfkantige Gegenüberstellung von Primordialisten und Modernisten nicht mehr besonders relevant, da man von einer breiten Akzeptanz des Modernisierungsparadigmas

113 Laffan, „The European Union and Its Institutions as ‚Identity Builders'" (wie 109), S. 96.

sprechen kann. Auch in dieser Studie wird vom Paradigma ausgegangen, dass Nationalismus ein Phänomen der Moderne ist.[114]

Abbildung 1: Paradigmen in der Nationalismusforschung[115]

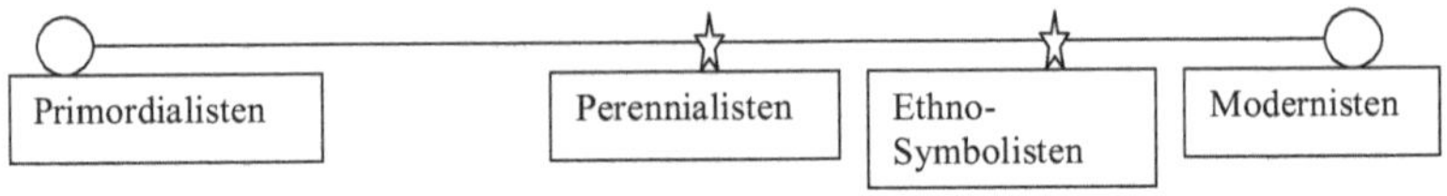

Die nun folgenden Unterabschnitte orientieren sich an der Gliederung von Anthony D. Smith und Umut Özkirimli. Sie unterscheiden zwischen verschiedenen Dimensionen von Nation und Nationalismus, welche in den Theorien der Modernisten (Nationalismus als Phänomen der Moderne) die Schwerpunkte bilden.[116]

2.1.1. Die soziokulturelle Dimension von Nation und Nationalismus

Einer der bekanntesten Vertreter der Modernisten, Ernest Gellner, schreibt in seinem Werk „Nationalismus und Moderne", dass für eine Nation zwei Bestimmungselemente erfüllt werden müssen: „Erstens: Zwei Menschen gehören derselben Nation an, wenn sie – und nur wenn sie – dieselbe Kultur teilen, wobei Kultur ihrerseits ein System von Gedanken und Zeichen und Assoziationen und Verhaltens- und Kommunikationsweisen bedeutet."[117] Zweitens müssen sie sich als Angehörige derselben Nation anerkennen. „Mit anderen Worten: Der Mensch macht die Nation; Nationen sind die Artefakte menschlicher Überzeugungen, Loyalitäten und Solidaritätsbeziehungen."[118] Gellner vertritt die Meinung, dass der Nationalismus in der Moderne wurzelt.[119] Er meint, der Nationalismus sei vorteilhaft für die Modernisie-

---

114 Vgl. ebenda.
115 Quelle: Florian Smutny, *Das Nationale. Aktuelle Impulse für die Nationalismustheorie* (Wien, 2004) [eigene grafische Darstellung].
116 Vgl. Umut Özkirimli, *Theories of Nationalism. A Critical Introduction* (New York, 2000).
117 Zitiert in Smutny, *Das Nationale* (wie 115), S. 39.
118 Zitiert in ebenda.
119 Ernest Gellner, *Nationalismus. Kultur und Macht* (Berlin, 1999), S. 31.

rung bzw. für die Industrialisierung von Gesellschaften. Er definiert den Begriff des Nationalismus folgendermaßen: „Nationalismus ist eine Form des politischen Denkens, die auf der Annahme beruht, dass soziale Bindung von kultureller Übereinstimmung abhängt."[120]

Hiermit wird schon zu Beginn klar, dass für Gellner der Begriff der Nation eng mit dem der Kultur zusammenhängt. Auch wenn es sich beim Nationalismus um eine gewisse Form des Denkens, also um ein gedachtes Konstrukt handelt, so wird auch klar, dass der Faktor Kultur von Bedeutung ist. Dass eine gemeinsame Kultur, als objektiver Begriff, bei der Begründung von Legitimation eine entscheidende Rolle spielt, zeigt die nachfolgende Aussage Gellners. „Welche Herrschaftsprinzipien ein Gemeinwesen auch immer bestimmen mögen, ihre Legitimität liegt in der Tatsache begründet, dass die betroffenen Gruppenmitglieder dieselbe Kultur teilen."[121] Gellner vertritt deutlich die Position der Modernisten. Er schreibt: „Kultur und soziale Organisation sind universell und unvergänglich. Staaten und Nationalismus hingegen sind es nicht."[122]

Auf der anderen Seite des Spektrums stehen in klarer Opposition zu den Modernisten die Primordialisten. In der Romantik verbreitete sich die Meinung, dass sich die Menschheit aus Nationen und Kulturen zusammensetzt. Die Vernunftorientierung der Aufklärung spielte keine große Rolle mehr. Man ging davon aus, dass der Mensch seine Identität seinen Wurzeln verdanke und sie von Natur aus gegeben sei. Im Laufe des 19. Jahrhunderts spielte auch der Darwinismus eine wichtige Rolle. Die Gemeinschaft wurde nun nicht mehr nur als eine kulturelle Einheit betrachtet, sondern auch als biologisch bestimmte. „Eine sozial mobile, anonyme Gesellschaft tut plötzlich so, als sei sie eine nach außen geschlossene traute Gemeinschaft"[123], so kritisiert Gellner diese Auffassung. Eine seiner Meinung nach entscheidende Frage ist jene, ob Nationen einen Nabel haben. Seine Antwort lautet: „Nur eine

120 Ebenda, S. 17.
121 Ebenda.
122 Ebenda, S. 19.
123 Ebenda, S. 123.

Minderheit der Nationen haben einen Nabel. Andere müssen ihn sich erkämpfen und wieder anderen wird er einfach angedichtet."[124]

Die praktische Konsequenz seiner Theorie ist, dass der Hang zu nationalistischen Gefühlen im Bereich des Politischen, in der Lebensweise des modernen Menschen selbst begründet liegt; sie verlange danach, dass jeder politische Verband von einer einzigen homogenen Hochkultur geprägt ist, und verurteilt all jene, welche dieser Kultur nicht angehören oder von ihr abweichen, zu einem Status zweiter Klasse.[125] Er meint ferner, politische Stabilität sei als solche ein wertvolles Gut. Hierin sei dem Konservatismus beizupflichten. Gellner steht dem Prinzip der nationalen Selbstbestimmung kritisch gegenüber, wenn es sich um eine stabile politische Ordnung handelt, die korrigiert werden soll. Es handelt sich bei Gellners Theorie um eine Makrotheorie, daher bleiben die Akteure auch unterbelichtet. Seine theoretischen Grundaussagen haben bis heute im Wesentlichen ihre Gültigkeit behalten.

2.1.2. Die sozioökonomische Dimension von Nation und Nationalismus

Die bekanntesten Vertreter des sozioökonomischen Ansatzes bei Nationalismustheorien sind Tom Nairn, Michael Hechter, Etienne Balibar und Immanuel Wallerstein. Die frühen marxistischen Ansätze sahen das Thema des Nationalismus starr durch die ökonomische Brille. Neomarxistische Ansätze wollen dem starren Determinismus des frühen Marxismus entgehen und versuchen, die Dynamik zwischen Kapitalismus und Nationalismus differenzierter zu betrachten. Hier sind vor allem die Theorien von Tom Nairn von Bedeutung. Diese Ansätze gehen, ähnlich wie Gellner, von ungleicher industrieller Entwicklung aus. Sie beziehen sich aber direkt oder indirekt auf theoretische Ansätze aus der Entwicklungspolitik, in denen nach Erklärungen für Entwicklung und Unterentwicklung gesucht wird.

Sie gehen von einem Zentrum-Peripherie-Modell aus. „Das moderne kapitalistische Weltsystem sei geprägt durch ein strukturelles Abhängigkeitsverhältnis zwischen einem imperialistischen Zentrum (westli-

124 Ebenda, S. 167.
125 Vgl. ebenda, S. 169.

che Industriestaaten) und der von ihr ausgebeuteten Peripherie (Kolonialstaaten, ‚Dritte Welt'").“[126] Laut Tom Nairn kann die Peripherie die externe Abhängigkeit, welche ihren Eintritt „in die Moderne“ verhindert, nur durch einen die Massen bewegenden „separatistischen Nationalismus“ abschütteln.[127] Nairn zeigt den Doppelcharakter des Nationalismus auf. Einerseits als einen Motor, um Fortschritt zu erlangen, andererseits besteht er aber aus irrationalen und „völkischen“ Elementen.[128] Diese Ansätze relativieren den Fortschrittsoptimismus von Gellner.

2.1.3. Die politische Dimension von Nation und Nationalismus

Die bekanntesten Vertreter sind hier Charles Tilly, John Breuilly und Michael Mann. Diese Theoretiker konzentrieren sich vor allem auf die Rolle des modernen Staates und seiner Institutionen bei der Nationenbildung und Nationenreproduktion.

> [N]ations and nationalism are forged in and through the modern professionalized state, either directly or in opposition to specific (imperial/colonial) states. [...] not only is the modern state the best predictor of nations and nationalism, its relationship with society forms the crucible for a reintegrative nationalism, which is the inevitable concomitant of state sovereignty [...].[129]

Oft wird demnach der geopolitische Wettkampf zwischen europäischen Staaten hervorgehoben. Wettbewerbsvorteile entstünden zum Beispiel durch moderne infrastrukturelle Entwicklungen des Staates. Ferner werden hier auch die Begriffe des „Konkurrenzkampfes“ zwischen Nationalstaaten sowie der „Welt der Nationalstaaten“ – besonders von Tilly – hervorgehoben.[130] Breuilly charakterisiert Nationalismus primär als Oppositionspolitik. Es gibt demnach drei klassische Konstellationen des Verhältnisses zwischen Nationalismus und

126 Smutny, *Das Nationale* (wie 115), S. 50.
127 Vgl. ebenda, S. 51.
128 Vgl. ebenda.
129 Anthony D. Smith, *Nationalism* (Cambridge, 2001), S. 47 f.
130 Vgl. Charles Tilly, *The Formation of National States in Western Europe* (Princeton, 1975), S. 76.

Staat:[131] Eine nationalistische Opposition die versucht, sich vom Staat zu lösen (*separation*), ihn in eine nationalistische Richtung zu reformieren oder ihn mit anderen Staaten zu vereinen. Die nationalen Einigungsbewegungen in Deutschland und Italien im 19. Jahrhundert zählt Breuilly zu den „Unification-Nationalismen". Den Nationalsozialismus und Faschismus hingegen rechnet er zu den „Reform-Nationalismen".[132]

2.1.4. Die ideologisch-kognitive Dimension von Nation und Nationalismus

Die wohl bekanntesten Vertreter dieser Richtung sind Elie Kedourie, Benedict Anderson und Eric Hobsbawm. Benedict Anderson interpretiert, ähnlich wie Gellner, Nation als moderne Gemeinschaftsform. Anderson versucht dabei jedoch vor allem, die kognitiven Prozesse der einzelnen Mitglieder einer Nation zu verstehen. Einer seiner zentralen Punkte ist der, dass er Nation als „vorgestellte Gemeinschaft" (*imagined community*) definiert. Ferner behandelt er die technologischen Voraussetzungen für eine solche Gesellschaft. Seine Theorie gibt Antworten auf Fragen, welche durch Gellners Theorie nicht beantwortet werden können. Andersons Theorie nach liegt eine wichtige Ursache für die Entwicklung von modernen Nationen im „Markt des Buchdrucks, welcher einer (früh-)kapitalistischen Logik der Profitmaximierung folgt"[133]. „Erst die Verschriftlichung der weltlichen ‚Landessprachen' und deren Standardisierung zu einer national-sprachlichen Norm bieten die Voraussetzungen für das Nationale und den Nationalismus."[134] Ein nicht zu unterschätzender Faktor bei der Ablösung der sakralen Sprachen durch die weltlichen Sprachen sei die Reformation gewesen. Nach Anderson solle man den Nationalismus mit den großen kulturellen Systemen, die ihm vorangegangen sind, vergleichen,

---

131 Vgl. Smutny, *Das Nationale* (wie 115), S. 61.
132 Vgl. ebenda.
133 Smutny, *Das Nationale* (wie 115), S. 67.
134 Ebenda.

da auch er sinnstiftend wirkt und in einigen Bereichen die Religion verdrängt hat.[135]

Eric Hobsbawm begründete mit seinem „konstruktivistischen" Ansatz den Begriff der „erfundenen Traditionen", welcher ein grundlegendes Element des Nationalismus und der Konstruktion von Nationen sei. Seiner Theorie nach sind Nationen, welche unter anderem durch *invented traditions* (erfundene Traditionen) sozial konstruiert werden, das Ergebnis von sogenanntem *Social Engineering* durch politische Eliten. Dies sollte den Eliten dazu dienen, die Energien der dadurch solidarisch verbundenen und zu „Nationen" geformten Massen besser nutzen zu können.[136]

Der Begriff „Nationalismus" wird in dieser Arbeit vor allem auf drei Anwendungsbereiche bezogen verwendet. Als Erstes bezeichnet Nationalismus eine soziopolitische Bewegung. In dieser Anwendung funktioniert er organisatorisch und technisch vom Prinzip her wie andere Organisationen auch. Jedoch zeichnen sich solche Bewegungen durch ihren Schwerpunkt auf immer stärker werdender kultureller Repräsentation aus. Dabei wird der Ideologie des Nationalismus die Repräsentation der Kultur der Nation einverleibt. In der Praxis äußert sich dies durch die Wiederentdeckung der Geschichte und der Literatur, von Gedichten und Theater. Wichtig für die aktive Reaktivierung von traditioneller Volkskultur sind Musikfestivals und Volkstanzgruppen sowie verschiedene Kulturvereine.[137] Miroslav Hroch stellt bei vielen neuen Nationalismen fest, dass gewichtig ‚humanistische' Intellektuelle wie Historiker, Philologen, Dichter und Schriftsteller überproportional in nationalistischen Bewegungen vertreten sind.[138]

Der zweite Anwendungsbereich des Begriffes „Nationalismus" bezieht sich auf Sprache. Die Sprache, durch welche sich Nationalismen auszeichnen, repräsentiert oft selbst einen der programmatischen Kerne von Nationalismus als moderne Ideologie.[139] Der dritte Anwendungsbereich bezieht sich auf Symbolismus. Der für Nationalismus typische

135 Vgl. ebenda, S. 68.
136 Vgl. Smith, *Nationalism* (wie 129), S. 48.
137 Vgl. ebenda, S. 7.
138 Ebenda.
139 Vgl. ebenda.

Symbolismus weist weltweit eine auffällige Ähnlichkeit auf, die es ermöglicht, ihn aus dem ideologischen Rahmen herausgelöst zu betrachten. Die wichtigsten, überaus sensiblen Merkmale sind unter anderem ein auserwählter kollektiver Name, welcher sich historisch ableiten lässt und so die nationalen Eigenheiten, den Heroismus und die Qualitäten aller Mitglieder darlegt: eine Hymne und eine Nationalflagge, eine Gründungsgeschichte und historische Mythen. Für viele Menschen sind die typischen nationalen Symbole alltäglich: die Hauptstadt, ein nationales Parlament, der Pass, die Grenzen, Zeremonien für die Gefallenen einer Schlacht oder von Kriegen, Militärparaden, Nationalfeiertag, Treueeid bei der Armee (in Österreich die Angelobung), eigene Nationaltheater, Museen und besonders Monumente und Kriegsdenkmäler. Was zählt, ist die Bedeutung, die solche Symbole für die gesamten Mitglieder einer Nation haben. Wichtig ist die Funktion, die ein solches System aus nationalen Symbolen erfüllt: „The panoply of national symbols only serves to express, represent and reinforce the boundary definition of the nation, and to unite the members inside through a common imagery of shared memories, myths and values. [...] The ideology of nationalism serves to give force and direction to both symbols and Movements."[140]

Die von Anthony W. Smith vorgeschlagene Arbeitsdefinition von Nationalismus lautet: „An ideological movement for attaining and maintaining autonomy, unity and identity for a population which some of its members deem to constitute an actual or potential ‚nation'."[141] Diese Definition deutet auf die Zielgerichtetheit (*attaining*) und den beständigen Einfluss (*maintaining*) von Nationalismus als Bewegung und Ideologie hin.

Grundlegend kann man zwei verschiedene Ansätze der Definition unterscheiden. Einerseits zielen viele klassische Definitionen von Nationalismus auf die Beschreibung objektiver Faktoren, wie etwa die gemeinsame Sprache, Kultur, Religion, das Territorium sowie Tradition und Institutionen. Subjektive Definitionen allerdings betonen die subjektive Natur von Nationalismus, geprägt durch persönliche Fakto-

140 Smith, *Nationalism* (wie 129), S. 8.
141 Ebenda, S. 9.

ren wie Einstellungen, Perzeptionen und Sentiments.[142] Eine der bekanntesten subjektiveren Definitionen stammt von Benedict Anderson. Er meint überhaupt, dass es für das Verständnis der Konzepte von Nationalismus und Nation besser sei, diese nicht als eine Weltanschauung unter vielen zu betrachten, sondern sie im Gegensatz zu klassischen Ideologien wie Liberalismus oder Faschismus eher so wie die Begriffe „Verwandtschaft" oder „Religion" anzusehen.[143] Er versteht unter Nationen *imagined political communities*[144]. In der deutschen Übersetzung wird dies so erklärt: „Sie ist eine vorgestellte politische Gemeinschaft – vorgestellt als begrenzt und souverän. *Vorgestellt* ist sie deswegen, weil die Mitglieder selbst der kleinsten Nation die meisten anderen niemals kennen, ihnen begegnen oder auch nur von ihnen hören werden, aber im Kopf eines jeden die Vorstellung ihrer Gemeinschaft existiert."[145]

Anthony Smith schlägt in seinem Konzept für den Idealtyp einer Nation folgende Definition anhand objektiver Faktoren vor: „[A] named human community occupying a homeland, and having common myths and a shared history, a common public culture, a single economy and common rights and duties for all members."[146] Man muss sich hier darüber im Klaren sein, dass diese Konzepte grundlegende theoretische Begriffsdefinitionen sind. Es handelt sich dabei nicht um abgeschlossene theoretische Konstruktionen, sondern vielmehr um Arbeitsdefinitionen.

Die Ideologie des Nationalismus hat ihren Ursprung in Westeuropa und in den Amerikas des späten 18. Jahrhunderts. Anfangs standen dabei, geprägt durch die zwei Revolutionen in Nordamerika und Frankreich, die Gleichheit des Individuums vor dem Gesetz sowie bürgerliche Freiheits- und Partizipationsrechte im Fokus. Doch entstand daraus im Laufe der Zeit ein Weltbild, das besagt, dass die Welt aus

---

142 Vgl. ebenda, S. 11.

143 Vgl. Benedict Anderson, *Die Erfindung der Nation. Zur Karriere eines folgenreichen Konzepts* (Frankfurt am Main; New York, 1996), S. 15.

144 Vgl. Smith, *Nationalism* (wie 129), S. 11.

145 Anderson, *Die Erfindung der Nation* (wie 143), S. 15.

146 Smith, *Nationalism* (wie 129), S. 13.

exklusiven Nationen bestehe und die einzig legitime Ausübung von politischer Macht auf Basis der Nation geschehe.[147]

2.2. Nationalismus im Kontext der Globalisierung

Die Verbreitung und Zunahme von Nationalismen kann man nicht einzig und allein im Zusammenhang mit „Europäisierung" sehen. Faktum ist, dass es seit dem Ende des Zweiten Weltkrieges und verstärkt seit der Zeit der Dekolonialisierung bis heute zu einem weltweiten Anstieg von Nationalismen und nationalistischen Bewegungen gekommen ist.

Es ist eine Tatsache, dass sich seit dem Ende des Zweiten Weltkrieges jede erfolgreiche Revolution in nationalen Begriffen definiert hat. Eric Hobsbawm und Benedict Anderson stellen beide fest, dass Staaten im Allgemeinen dazu neigen, sich national zu organisieren und nationalistisch zu werden.[148] Die kontinuierlich ansteigende Zahl von UNO-Mitgliedern deutet darauf hin, dass es so rasch nicht zu einem Ende von Nationalismen und Nationalbewegungen kommen wird. „Das so lange verkündete ‚Ende des Zeitalters des Nationalismus' ist nicht im Entferntesten in Sicht. Das Nation-Sein ist vielmehr der am universellsten legitimierte Wert im politischen Leben unserer Zeit."[149]

Nationalismen sind geografisch sehr unterschiedlich. Es gibt keine allgemeingültige Theorie, die alle Nationalismen weltweit gleichermaßen erklären kann. Aufgrund der Größe des Themas beschränkt sich dieser Abschnitt auf das verstärkte Aufkommen von nationalistischen Bewegungen in Europa, insbesondere im Kontext der Globalisierung.

Giddens definiert Globalisierung als die Intensivierung von weltweiten sozialen Beziehungen, welche weit voneinander entfernte Orte in einer Art verbinden, wodurch lokale Geschehnisse durch Ereignisse beeinflusst werden, welche weit weg von einander stattfinden und um-

147 Vgl. Anthony D. Smith, „National Identity and the Idea of European Unity", in: *International Affairs (Royal Institute of International Affairs)*, Ausg. 68, Nr. 1 (Jan. 1992), S. 55–76, hier S. 61.

148 Vgl. Anderson, *Die Erfindung der Nation* (wie 143), S. 12.

149 Ebenda, S. 13.

gekehrt.[150] Guibernau stellt in ihrer Analyse bezüglich des Einflusses von Globalisierung auf die Nationalstaaten fest, dass insbesondere die Globalisierung der Wirtschaft und der sozialen Beziehung den Nationalstaat geschwächt hätten und dies in der Folge zur Intensivierung von regionalen Nationalismen geführt hat.[151] Andere WissenschaftlerInnen, wie zum Beispiel Hirst und Thompson, argumentieren, dass zwar der Nationalstaat seine zentrale Position behalten hat, seine exklusive Kontrolle des Territoriums jedoch durch die internationale Ökonomie und die neuen Kommunikationsmedien reduziert wurde.[152]

In einem seiner Artikel schreibt Anthony Smith von drei „major trends of world history“[153], die in diesem Zusammenhang von großer Bedeutung sind. Als ersten Trend beschreibt er das rasche Wachstum von transnationalen Unternehmen, welche mit ihren Budgets, Technologien und Kommunikationsnetzwerken viele Nationalstaaten weit übertreffen. Als zweiten Trend nennt er den Untergang großer Machtblöcke. Als dritten großen Trend erkennt er jene Veränderungen, die unsere westliche Gesellschaft in den letzten Jahrzehnten entscheidend verändert haben: „[T]he vast increase in the scale, efficiency, density and power of the means of communication, from transport to mass media, from telecommunications to computerized information and transmission [...].“[154] All diese Veränderungen im Rahmen der sogenannten Globalisierung haben Auswirkungen auf die Gesellschaft. Eine der Folgen, welche in dieser Arbeit im Zentrum steht, ist die Verbreitung von Nationalismen.

Im Gegensatz zum vorangegangenen Abschnitt sollen hier nicht unterschiedliche Konzeptionen und Definitionen von Nationen und Nationalismen diskutiert werden. Hier geht es um eine Erklärung dafür, wieso es im Kontext der Globalisierung vermehrt zu Nationalismen

---

150 Vgl. Montserrat Guibernau, *Nations without States. Political Communities in a Global Age* (Cambridge, 1999), S. 19.

151 Vgl. ebenda.

152 Vgl. ebenda, S. 20.

153 Vgl. Anthony D. Smith, „National Identity and the Idea of European Unity“, in: Peter Gowan & Perry Anderson (Hrsg.), *The Question of Europe* (London, 1997), S. 318–344, hier S. 327 f.

154 Ebenda, S. 328.

kommt. Einen guten Ansatz für die Feststellung der Art von spezifischen Nationalismen und nationalen Bewegungen in der Realität und deren theoretische Einordnung bietet das Konzept von James G. Kellas, in dem zwischen *ethnic nationalism*, *social nationalism* und *official nationalism* unterschieden wird.[155]

Unter *ethnic nationalism* versteht er den Nationalismus von ethnischen Gruppen, wie zum Beispiel den Kurden oder den Letten, welche ihre Nation als exklusiv auf Basis ihrer gemeinsamen Abstammung definieren. Niemandem ist es möglich, Kurde oder Lette zu werden, indem er oder sie deren Sprache, Kultur und Traditionen annimmt.

Im Gegensatz dazu ist *social nationalism* inklusiv, und Außenstehende können Teil der Nation werden. Dabei definiert sich die Nation vor allem durch ihre sozialen Beziehungen, ihre Identität und Kultur.

Die dritte Art des Nationalismus, der *official nationalism*, ist der Nationalismus des Staates, der sich auf alle BürgerInnen bezieht, die, auf dem Staatsbürgerrecht beruhend, zu den StaatsbürgerInnen des jeweiligen Staates zählen. Die meisten Staaten sind multiethnisch und multinational.

Man muss sich darüber im Klaren sein, dass alle AutorInnen ihre eigene Perspektive in ihre Theorien einbringen. So ist es bei Hobsbawm deutlich erkennbar und auch nachvollziehbar, dass er als Marxist und Emigrant auch aus persönlichen Gründen gegen Nationalismus eintritt und die neuen regionalen Nationalismen als rückständig und anachronistisch bezeichnet.[156] Ähnlich verhält es sich beim Neomarxisten Tom Nairn. Auf der anderen Seite ist bei Montserrat Guibernau, die aus Katalonien stammt, erkennbar, dass sie versucht, positive Argumente für regionale nationalistische Bewegungen zu finden. Folgender Satz verdeutlicht ihre Position: „Small units make sense in a world in which economy and culture are no longer the monopoly of the state."[157] Sie argumentiert, dass die Globalisierung zu vermehrten nationalistischen Bewegungen führe. „The re-emergence of nationalism in nations without states is directly related to the intensification of globalization pro-

155 J. G. Kellas, *The Politics of Nationalism and Ethnicity* (London, 1991), S. 51 f.
156 Vgl. Guibernau, *Nations without States* (wie 150), S. 6.
157 Ebenda, S. 22.

cesses which have proven capable of altering the political, economic and cultural structures of current societies.“[158]

Dieser Befund deckt sich mit dem Konzept von Kellas, das die Entstehung von Nationalismen auf Veränderungen in den Bereichen Politik, Ökonomie und Kultur zurückführt.[159] Dabei stellt er klar (was man nicht oft genug betonen kann), dass Nationalismen in unterschiedlichen Regionen der Welt immer mit unterschiedlichen politischen, ökonomischen und kulturellen Kontexten in Beziehung stehen. Das Nützliche an diesem Konzept ist, dass man die Entstehung von speziellen Nationalismen auf Veränderungen in drei unterschiedlichen Bereichen hin untersuchen und damit begründen kann.

Nun zu den Veränderungen, die man in Europa im Bereich „Politik“ feststellen kann. Hier kam es nach dem Ende des Zweiten Weltkrieges in vielen Regionen Europas zum politischen Verlangen nach Selbstständigkeit, self-government. Eng im Bezug dazu stand, laut Kellas, der aufkommende consumerism.[160] Er beschreibt diesen Zusammenhang wie folgt: „People increasingly demand the right to choose for themselves what to consume, and by analogy how to live.“[161] Dabei wird davon ausgegangen, dass es sich bei den Gesellschaften in der EU um sogenannte „post-industrielle“ Gesellschaften handelt, deren Bedürfnisse über rein materielle hinausgehen. Die Nachfrage nach „post-materiellen“ Werten, wie zum Beispiel Bürgerrechten und Umweltschutz, führte auch zum Verlangen nach der Verbesserung des sozialen Status von ethnischer Identität. Daraus folgert Kellas die enge Beziehung zwischen *consumerism* und *ethnic nationalism*.[162]

Im Bereich der Ökonomie verweist Kellas auf Veränderungen, die vor allem ethnische und soziale Nationalismen fördern.[163] Bezüglich des wirtschaftlichen Bereiches schreibt er: „Where people think of themselves in ethnic or social-national terms, and inhabit a territory which is differentiated on economic grounds from other such groups,

158 Ebenda, S. 20.
159 Vgl. Kellas, *The Politics of Nationalism and Ethnicity* (wie 157), S. 53.
160 Vgl. Kellas, *The Politics of Nationalism and Ethnicity* (wie 157), S. 57.
161 Ebenda.
162 Vgl. ebenda.
163 Vgl. ebenda, S. 61.

then there is a high probability that nationalism will develop, given favourable political and cultural conditions."[164] Als typisches Beispiel lässt sich hier der schottische Nationalismus einordnen.

Das dritte Feld der Veränderungen betrifft die Kultur. Gerade hier gehen die klassischen Nationalismustheorien weit auseinander. Gellner vertritt, wie viele Modernisten, die These, dass die kulturellen Veränderungen in der Gesellschaft grundsätzlich keinen Auslöser für Nationalismus im Speziellen darstellen, auch wenn Kultur bei Gemeinschaften zweifelsohne eine wichtige Funktion erfüllt. Vielmehr ist die Richtung der modernen Gesellschaft jene der Internationalisierung und" der Abkehr von nationalistischen Bewegungen. So schreibt Kellas über Gellner unter anderem: „[...] as the economy internationalises, the national characteristics fade into cosmopolitan ones, and with them fade the national cultures."[165] Kellas schreibt zudem, dass das Gegenteil der Fall ist: „[...] the rise of ethnic and social nationalism in opposition to state nationalism."[166] Gemeint ist hier, dass die kulturellen Veränderungen nicht zur Homogenität der klassischen Nationalstaaten beitragen. So hat Inglehart bei seiner Analyse festgestellt, dass nationalistische Parteien in Belgien seit den frühen 1970er-Jahren starken Rückhalt bei Leuten mit sogenannten „post-materialistischen" Werten hatten.[167]

Richmond schreibt, dass es in der Natur des Post-Industrialismus liege, mit seinen technologischen Errungenschaften im Bereich der Kommunikationsnetzwerke kulturelle und linguistische Unterschiede aufrechtzuerhalten.[168] Als Beispiele verweist er auf Minderheiten von Immigranten in Ländern wie Kanada und Australien, wo diese mithilfe von mehrsprachigen Radio- und Fernsehkanälen die sprachliche und ethnische Diversität aufrechterhalten können.[169] In seiner Analyse von

164 Ebenda, S. 62.

165 Ebenda, S. 67.

166 Ebenda, S. 68.

167 Eli Zaretsky, „The Birth of Identity Politics in the 1960s: Psychoanalysis and the Public/Private Division", in: Mike Featherstone, Scott Lash & Roland Robertson (Hrsg.), *Global Modernities* (London, 1995), S. 244–259, hier S. 253.

168 Vgl. A. H. Richmond, „Ethnic Nationalism and Post-Industrialism", in: John Hutchinson & Anthony D. Smith (Hrsg.) *Nationalism* (Oxford, 1994), S. 289–299, hier S. 297.

169 Vgl. ebenda.

identity politics seit den 1970er-Jahren erklärt Zaretsky das Aufkommen und die Thematisierung von „Differenz“ (*difference*) in Identität, Gender und Nationalität. Er führt das Entstehen von Differenz auf die soziale Entwicklung eines differenzierten Proletariats (race, skill, ethnicity und gender) sowie auf die Globalisierung des Kapitals zurück.[170]

Die Rolle der Kultur – Medien, Bildung, Werbung, Musik, Sport etc. – änderte sich dramatisch, sodass Kultur nun geholfen hat, soziales Leben zu organisieren anstatt es zu repräsentieren.[171] Ein gutes Beispiel hierfür ist der Niedergang der politischen Parteien, die der klassische Vermittler zwischen dem öffentlichen staatlichen Bereich und dem privaten waren. Allgemeine Kultur, Zivilgesellschaft und die neuen Medien (zum Beispiel das Fernsehen, aktuell das Internet) spielten eine immer wichtigere Rolle bei der Konstruktion und Gestaltung von Identität. Seit den 1970er-Jahren fand eine Beschleunigung der Tendenz der vermehrten Konstruktion von politisierten kollektiven Identitäten um vormals private Merkmale herum statt.[172] „The crucial change occurred with the convergence of movements defined by national or ethnic identity.“[173] Ein Beispiel dafür ist unter anderem die *Black-Power*-Bewegung in den USA. Auch andere post-materialistische Bewegungen, wie zum Beispiel die Partei der „Grünen“, lassen sich so erklären.

Guibernau kommt zum Abschluss ihrer Studie zu mehreren Gründen, welche Nationalismen im Kontext der Globalisierung fördern und im Zusammenhang der „Europäisierung“ für uns von Bedeutung sind:[174] die Zunahme von inter- und supranationalen Institutionen, die ursprünglich aus finanziellen und sicherheitspolitischen Gründen eingerichtet wurden; die Tendenz der Nationalstaaten, als Reaktion auf ihren Machtverlust Teile ihrer Souveränität an supranationale Institutionen abzugeben und so zu versuchen, ihren Einfluss aufrechtzuerhalten; die Erosion von Grenzen, die es den Nationalstaaten nicht mehr erlaubt, externe kulturelle und ökonomische Strömungen zu

170 Vgl. Zaretsky, „The Birth of Identity Politics in the 1960s: Psychoanalysis and the Public/Private Division“ (wie 167), S. 252.

171 Vgl. ebenda.

172 Vgl. ebenda, S. 253–258.

173 Ebenda, S. 253.

174 Vgl. Guibernau, *Nations without States* (wie 150), S. 176–179.

kontrollieren; die globale Akzeptanz von Demokratie als leitendem Prinzip des Regierens, wobei es keine generell akzeptierte Definition dafür gibt. Abschließend benennt die Autorin einen für die EU sehr problematischen Grund, nämlich den, dass es zu einem Bedürfnis der emotionalen Nähe sowohl durch individuelle als auch kollektive Formen von Identität gekommen ist.[175]

2.3. Nationale Identität

Bei der wissenschaftlichen Debatte rund um die theoretische Analyse von Nationalismus wird in dieser Arbeit ein breiter Ansatz gewählt, der sich auf die wichtigsten Erkenntnisse von Ethno-Symbolismus, Sozialkonstruktivismus und sozialpsychologischen Ansätzen stützt und in der Tradition des Paradigmas des Modernismus steht. Trotzdem muss festgehalten werden, dass sich der Autor durchaus bewusst ist, dass jedes Paradigma seine eigene Perspektive, Stärken aber auch Schwächen („blinde Flecken") hat. Folglich werden die hier gewählten Ansätze trotz mancher Fehler und einiger Schwächen als die für diese Arbeit nützlichsten gesehen.

In vielen Diskussionen um Europäisierung und Nationalismus wird auf die nationalen Identitäten verwiesen, welche bei den Bevölkerungen stark verwurzelt seien und einer europäischen Solidargemeinschaft im Wege stünden. Nun zuerst einmal zu grundlegenden Überlegungen, zum Konzept der nationalen Identität. Was macht nationale Identität zu so einem starken Faktor, wenn es um Loyalität und Solidarität geht? „Es ist der Ernst des Todes, den eventuell für die Gemeinschaftsinteressen zu bestehen, dem Einzelnen hier zugemutet wird. Er trägt der politischen Gemeinschaft ihr spezifisches Pathos bei. Er stiftet auch ihre dauernden Gefühlslagen."[176] Dies zeigt das ganz besondere Pathos der Nation. Die Nation ist vergleichbar mit einer Lebensgemeinschaft, welche über den Tod hinausgeht.

175 Vgl. ebenda.

176 Max Weber, Wirtschaft und Gesellschaft: Grundriß der verstehenden Soziologie (1980), zit. nach: Gerhard Wagner, *Projekt Europa. Die Konstruktion europäischer Identität zwischen Nationalismus und Weltgesellschaft* (Berlin, 2005), S. 16.

Grundsätzlich kann man in diesem Feld der Identitätsforschung zwei Arten der Identität unterscheiden: die kollektive Identität und die kulturelle Identität. Ähnlich wie bei der Unterscheidung zwischen westlichem und östlichem Nationalismus werden hier Frankreich und das traditionelle Deutschland als Prototypen gesehen. Frankreich dient hierbei als Beispiel für eine kollektive Identität, welche auf einem reflexiven Zugehörigkeitsgefühl aufbaut (subjektiver Begriff). Deutschland wiederum dient als traditionelles Beispiel einer kulturellen Identität, wo die Anerkennung einer gemeinsamen Kultur die Basis bildet (objektiver Begriff).[177] Diese Unterscheidung hat ihre Auswirkung auf die Art der nationalen Identität. Kollektive Identitäten, die auf dem Willen des Zusammenlebens beruhen, neigen eher zu inklusiver nationaler Identität, wogegen kulturelle Identität eher zu exklusiver nationaler Identität führt.

An dieser Stelle muss erwähnt werden, dass die heutige Bundesrepublik Deutschland ihre nationale Identität nicht auf dem klassischen objektiven Identitätsbegriff begründet. Diese historische Bezeichnung und die Wahl Deutschlands als Beispiel für den objektiven Identitätsbegriff sind heute nur noch begrenzt griffig. Nach dem Zweiten Weltkrieg lässt sich die deutsche Identität mit Habermas' bekanntem Konzept des „Verfassungspatriotismus" beschreiben. Die Basis dafür bildet eine gemeinsame politische Kultur, und sie beinhaltet eine universalistische Dimension.[178] Diese Konzeption einer nationalen Identität ist mehr inklusiv, da die Akzeptanz des politischen Systems und der Verfassung – also der Wille des Einzelnen – im Zentrum steht. Die moderne nationale Identität Österreichs hingegen weist einige Elemente eines objektiven Identitätsbegriffes, wo eine gemeinsame Kultur im Mittelpunkt steht, auf.

Eine Nation ist auch eine Erinnerungsgemeinschaft, wo durch kollektive Erinnerungen eine große Solidargemeinschaft entsteht. Dieses Konzept schließt am subjektiven Nationsverständnis von Benedict Anderson als *imagined political community* an. Entscheidend für die

---

177 Vgl. Jan Assmann, *Das kulturelle Gedächtnis. Schrift, Erinnerung und politische Identität in frühen Hochkulturen* (München, 1997), S. 132–134.

178 Vgl. Jan Ifversen, „Europe and European culture – a conceptual analysis", in: *European Societies*, Ausg. 4, Nr. 1 (London, 2002), S. 1–26, hier S. 22.

nationale Identität ist demnach das kollektive Gedächtnis, welches aus zwei Dimensionen besteht. „Als kommunikatives Gedächtnis stellt es einen durch Interaktion vermittelten Rahmen dar, der sich auf die jüngste Vergangenheit bezieht und mit seinen Trägern entsteht und vergeht; der typische Fall ist das Generationen-Gedächtnis. Als kulturelles Gedächtnis stellt das kollektive Gedächtnis demgegenüber einen in der Generationenfolge überlieferten und durch Symbole vermittelten Rahmen dar, der sich tief in die Vergangenheit hinein beziehen kann und seine Träger überdauert.“[179]

Entstanden ist das kulturelle Gedächtnis durch die Entkoppelung von Information und der für lange Zeit daran gebundenen Interaktion. Dies wurde durch die Erfindung von Notationssystemen und Speichereinrichtungen möglich. Dadurch wurde ein gemeinsames Symbolsystem geschaffen, welches das kulturelle Gedächtnis ermöglichte und eine Brücke zwischen Vergangenheit, Gegenwart und Zukunft schlug.[180] Jedes Kollektiv – so auch Nationen –, das auf Dauer in der Geschichte Bestand haben will, muss eine Identität entwickeln, die mithilfe von „imaginierten Selbstbildern“ auf Basis historischer Erinnerungsfiguren und Geschichten sozial konstruiert wird.[181]

Bei der theoretischen Erfassung des Konzeptes von nationaler Identität ist es nützlich, den Identitätsbegriff weit zu fassen. Grundsätzlich werden kollektive und personale Identität narrativ konstruiert. Dabei dienen die im kulturellen Gedächtnis gespeicherten Erinnerungsfiguren als Reservoir, aus dem die nationalen Intellektuellen bestimmte tradierte Erinnerungsfiguren auswählen können, um mit diesen eine Geschichte (*story*) zu bilden. Das Außergewöhnliche bei Identitäten ist die Dynamik hinsichtlich ihrer Kontinuität, welche durch ihre Einbettung in *stories* gewährleistet wird. Bevor noch die Schrift erfunden wurde, konnte mithilfe von „Geschichten“, also *stories*, gesellschaftliches Wissen über Generationen weitergegeben werden. Das menschliche Gedächtnis ist im Laufe der Zeit dazu perfektioniert worden, sich Inhalte in Form von *stories* einzuprägen.[182]

179 Wagner, *Projekt Europa* (wie 176), S. 17.
180 Vgl. ebenda, S. 18.
181 Vgl. ebenda.
182 Vgl. ebenda, S. 19 f.

Hinsichtlich Nationalismen ist festzustellen, dass viele Narrative von Intellektuellen gezielt konstruiert und auch Traditionen überhaupt erfunden wurden, um Nationen als kollektive Identitäten zu konstruieren.[183] Diese Feststellung entspricht dem von Eric Hobsbawm eingeführten Konzept der „erfundenen Traditionen". Ein hervorragendes Beispiel hierfür und auch für die allgemeine „Top-down"-Steuerung von Nationalismus ist der staatliche Geschichtsunterricht. So definiert Renan in seinem Werk *Qu'est-ce qu'une nation?* das Wesen einer Nation wie folgt: „Das Wesen einer Nation ist, daß alle einzelnen vieles gemeinsam und daß sie alle vieles vergessen haben. Jeder französische Bürger muß die Bartholomäusnacht und die Massaker des 13. Jahrhunderts im Süden vergessen haben."[184] Benedict Anderson weist auf einige Paradoxe hin, welche sich bei nationalen Geschichtserzählungen auftun.

> Zuerst einmal könnte man bemerken, daß das *französische* Substantiv Singular ‚la Saint-Barthélemy' (Bartholomäusnacht) Mörder und Ermordete umschließt – das heißt jene Katholiken und Protestanten, die eine lokale Rolle in jenem gewaltig unheiligen Heiligen Krieg spielten [...] und die sich selbst mit Sicherheit nicht in gemütlicher Eintracht als ‚Franzosen' betrachteten. Ähnlich verschwimmt in der Formulierung ‚die Massaker des 13. Jahrhunderts im Süden' die Linie zwischen Opfer und Täter hinter der Einheitsbezeichnung ‚Süden'. Offensichtlich lag kein Grund vor, die Leser daran zu erinnern, daß die meisten der ermordeten Albigenser Provençalisch oder Katalanisch sprachen und daß ihre Mörder aus vielen unterschiedlichen Teilen Westeuropas kamen.[185]

Diese gezielt nationale Geschichtsschreibung zielt auf die Verbreitung des Motivs des Krieges zwischen Brüdern (hier zwischen Franzosen und Französinnen) hin und soll damit einen Mythos schaffen, der die kollektive nationale Identität der BürgerInnen unterstützt und festigt. Laut Anderson wird einem bei genauerer Betrachtung klar, dass es sich um „eine – durch den Staat eingesetzte und hauptsächlich durch die Schulen vermittelte – systematische historiographische Kampagne handelte, die jeden jungen Franzosen und jede junge Französin an eine Reihe lange zurückliegender Schlachten ‚erinnert', die nun als Teil einer ‚Familiengeschichte' eingeschrieben sind. Tragödien, die man

183 Vgl. Anderson, *Die Erfindung der Nation* (wie 143).
184 Zit. nach: ebenda, S. 200 f.
185 Ebenda, S. 201 f.

‚vergessen haben muß' und an die es ununterbrochen zu erinnern gilt – dies erweist sich als charakteristischer Kunstgriff in der späteren Konstruktion nationaler Genealogien."[186]

Diese „Narrative" sind keineswegs auf Frankreich beschränkt. In den USA zum Beispiel wird der amerikanische Bürgerkrieg in einer Art dargestellt, als ob er nicht ein Krieg zwischen zwei (wenn auch nur für kurze Zeit) souveränen nationalen Staatenverbänden, sondern zwischen Brüdern gewesen wäre. In englischen Geschichtsbüchern wird Schulkindern die berühmte Geschichte eines großen Gründungsvaters namens Wilhelm der Eroberer nähergebracht. Es bleibt jedoch unerwähnt, dass es zu jener Zeit noch gar keine englische Sprache gab, und was er denn überhaupt erobert hätte.[187] „Denn die einzig vernünftige moderne Antwort müßte lauten: der ‚Eroberer der Engländer', was den alten normannischen Räuber in einen Vorläufer von Napoleon und Hitler verwandeln würde, der erfolgreicher als diese gewesen war."[188]

Nun darf an dieser Stelle bezweifelt werden, dass im aktuellen, modernen nationalstaatlichen Geschichtsunterricht der EU-Mitgliedstaaten auf solche nationalen „Narrative" verzichtet wird. Diese sind für die Konstruktion von nationaler Identität von größter Bedeutung. Solche Mythen „sollen die Energien mobilisieren, die notwendig sind, um die Identität eines Kollektivs zu stiften"[189]. Von dieser Mobilisierung profitieren natürlich auch nationale Eliten, die durch die Stabilität und Effektivität der nationalen Identität eine gewisse Kontrolle über die Masse der BürgerInnen erhalten.

Einen weiteren Faktor dieser Art der Überlieferung von „Erinnerung" stellen neue Medien wie die Fotografie und Filme dar. Es verhält sich ähnlich wie bei Erinnerungen aus der Kindheit, wenn einem andere begreiflich machen, dass man zum Beispiel das Baby auf einem alten Foto selbst sei. „Die Fotografie [...] ist lediglich das zwingendste Element in einer gewaltigen Reihe moderner dokumentarischer Beweisstücke [...], die von einer scheinbaren Kontinuität Zeugnis ablegen, die dem Gedächtnis zugleich abhanden gekommen ist. Aus dieser Ent-

186 Ebenda, S. 202.
187 Vgl. ebenda, S. 202 f.
188 Ebenda, S. 203.
189 Wagner, *Projekt Europa* (wie 176), S. 21.

fremdung erwächst eine Vorstellung von Persönlichkeit, *Identität* […], die gerade deswegen, weil sie nicht ‚erinnert' werden kann, erzählt werden muss."[190]

Die Nation benötigt natürlich auch ihre jeweiligen Narrative, um ihre Identität dauerhaft zu garantieren. Bei ihr gibt es aber, im Gegensatz zu Personen, weder klar definierbare Geburtsdaten noch Tode.[191] Rainer C. Baum widerspricht mit seiner Invarianzhypothese einem Großteil von Modernisten (Gellner, Hobsbawm etc.)[192] welche davon ausgehen, dass der Nationalismus eine zeitlich begrenzte Erfindung der Moderne sei und auf dessen mögliches Ende man daraus schließen könne. Er erkennt langfristige Muster, welche bei der Aufrechterhaltung von nationaler Identität eine Schlüsselrolle einnehmen: „Dabei lassen sich diejenigen Teile des kulturellen Kapitals, die im 19. Jahrhundert dem Speichergedächtnis entnommen wurden und auch weiterhin zur Identitätsbildung der Nationen beitragen sollten […] als invariante Muster verstehen."[193] Diese invarianten Muster erlauben es der kollektiven Gemeinschaft der Nation, ihre nationale Identität trotz permanenter Veränderungen zu behalten. Sie sind so beständig, „weil sie im Sinne von Fernand Braudels Begriff der *longue durée*, ‚langlebige Strukturen' darstellen, die zu ‚stabilen Elementen einer unendlichen Kette von Generationen' geworden sind"[194].

Grundsätzlich unterscheidet man zwei unterschiedliche Konstellationen, bei denen es zur Konstruktion von nationaler Identität kommen kann. Einerseits kann, wenn ein Staat bereits vorhanden ist, eine sogenannte „Staatsbürgernation" konstruiert werden. Diese ist in der Regel eher inklusiv ausgerichtet. Der von Jürgen Habermas beschriebene „Verfassungspatriotismus" Deutschlands ist hierfür ein Idealbeispiel. „Die Bürger einer solchen politischen Gemeinschaft können stolz auf ihre Verfassung und ihre Institutionen sein, für die sie Opfer gebracht haben und weitere Opfer zu bringen bereit sind. Zur Nation gehört,

190 Anderson, *Die Erfindung der Nation* (wie 143), S. 206.

191 Vgl. ebenda, S. 207.

192 So zum Beispiel Ernest Gellner, der die Meinung vertritt, dass der Nationalismus in der Moderne wurzelt. Er meint, der Nationalismus sei vorteilhaft für die Modernisierung bzw. für die Industrialisierung von Gesellschaften.

193 Zit. nach: Wagner, *Projekt Europa* (wie 176), S. 22.

194 Ebenda.

wer sich zu diesem Staat bekennt. Die im Rahmen der Erfindung von Tradition erzählten Mythen sind hier im eigentlichen Sinne fundierend."[195] Diese Art des Nationalismus ist in der Regel inklusiv und bedient sich einer für jeden zugänglichen civic culture. „The Western model of the nation tended to emphasize the centrality of a national territory or homeland, a common system of laws and institutions, the legal equality of citizens in a political community, and the importance of a mass, civic culture binding the citizens together."[196]

Wenn jedoch kein Staat vorhanden ist, mit dem sich eine Nation identifizieren kann, so muss sie entweder als „Kulturnation" oder als „ethnische Nation" konstruiert werden. Bei dieser Art der Identifikation stehen gemeinsame Abstammung und Kultur im Vordergrund. Auch die schon gebrachten Opfer oder die Bereitschaft, welche zu erbringen, spielen eine wichtige Rolle. Die „im Rahmen der Erfindung von Tradition" weitererzählten Mythen sind jedoch im Unterschied zur „Staatsbürgernation" hier „kontrapräsentisch". Das heißt, sie zielen auf die Überwindung von Defiziten in der Gegenwart am Beispiel der Vergangenheit der Nation ab.[197]

So wie bei allen Definitionen handelt es sich auch hier um Idealtypen, die in der Realität jedoch niemals in reiner Form anzutreffen sind. Man spricht bei vielen Nationalismen in Osteuropa von ethnisch-kulturellen Nationsvorstellungen. Als Argument für diese Entwicklung wird die im Vergleich zu Westeuropa sehr unterschiedliche Geschichte genannt. „Die Nation war deshalb eine Zukunftsvision, die sich nur in ihrer gemeinsamen Sprache und Kultur wieder erkennen konnte: Eine aus der Geschichte antizipierte Utopie, unklar und mehr das Gefühl als den Verstand ansprechend."[198] „Apart from genealogy, it emphasized the popular or folk element, the role of vernacular mobilization, and the activation of the people through a revival of their native folk culture […]."[199]

195 Wagner, *Projekt Europa* (wie 176), S. 23.
196 Smith, „National Identity and the Idea of European Unity" (wie 147), S. 61.
197 Vgl. Wagner, *Projekt Europa* (wie 176), S. 23.
198 Ebenda, S. 24.
199 Smith, „National Identity and the Idea of European Unity" (wie 147), S. 61.

In diesen Ländern sind Nationalismen, die zu nationaler Selbstbestimmung geführt haben, gerade aus der nationalen Perspektive ihrer Geschichte heraus, wo vor allem Fremdherrschaft und Unterdrückung vorherrschende Bilder sind, natürlich durchgehend positiv besetzt. Daraus lassen sich auch die im Rahmen der europäischen Integration auftauchenden Nationalismen gut erklären. Man darf bei aller Euphorie bezüglich der europäischen Integration, vor allem hinsichtlich der ökonomischen Entwicklungen, die für den Osten viel westliches Investitionskapital bewirkt haben, trotzdem die diesen Gesellschaften zugrunde liegenden nationalen Identitäten nicht außer Acht lassen.[200]

Gerade viele „junge“ Nationen, wie beispielsweise ehemalige Ostblockstaaten (die meisten von ihnen erlangten ihre Unabhängigkeit erst nach dem Zusammenbruch der UdSSR) oder auch Österreich (dessen Weg zur selbstbewussten Nation ein langer mit Rückschlägen war) und Irland, sind ihrer speziellen Geschichte wegen äußerst sensibel bezüglich ihrer nationalen Identität. „Die westeuropäischen Wohlstandsmaterialisten müssen erkennen, daß nationale Gefühle stärker sein können als ökonomische Interessen.“[201]

2.3.1. Ethno-Symbolismus

Wichtig für die Legitimation moderner Staaten ist, dass sie sich in der Regel auf die Repräsentation des Willens einer Nation berufen. Besonders wichtig ist dabei, dass es bei der Idee der Nation im Gegensatz zu der des Staates um kulturelle und soziale Dimensionen geht. „It refers to a cultural and political bond which unites in a community of prestige all those who share the same myths, memories, symbols and traditions.“[202] Faktum ist aber, dass die meisten Staaten heute im engen Sinn gar keine richtigen Nationalstaaten (*nation states*) sind, da sie heterogen und pluralistisch sind. Hier kommt wiederum die Erfindung von Tradition und *folk culture* („Volkskultur“) ins Spiel. Viele

200 Vgl. Wagner, *Projekt Europa* (wie 176), S. 25.
201 Ebenda.
202 Smith, „National Identity and the Idea of European Unity“ (wie 147), S. 62.

heutige nationale Traditionen und Gebräuche haben ihren Ursprung in anderen Regionen, Ländern und Kulturkreisen.[203]

Smith definiert klar fünf Punkte, die in seinem Konzept die sogenannte *core doctrine* von Nationalismus bilden:[204]

1. die Welt besteht aus verschiedenen Nationen, wobei sich jede durch ihre eigene Geschichte, ihr Schicksal und ihre Eigenschaften auszeichnet;
2. die Nation ist die alleinige Basis von politischer Macht;
3. um frei zu sein, muss jedes Individuum zu einer Nation gehören und ihr die primäre Loyalität gewährleisten;
4. Nationen müssen maximale Autonomie und Selbstentfaltung besitzen;
5. eine gerechte und friedliche Welt basiert auf der Pluralität von freien Nationen.

Nun zur Frage nach der „Nation" als Konzept einer Gemeinschaft, welche über lange Zeit dauerhaft existieren kann. Hier muss man zwischen „Nation" als analytischer Kategorie, welche die Nation von anderen kollektiven kulturellen Identitäten unterscheidet, und als einer deskriptiven Bezeichnung der Eigenschaften von Nation als einem historischen Typus von menschlicher Gemeinschaft unterscheiden.[205] Um den unterschiedlichen Varianten von Nationen gerecht zu werden, basiert Smiths Definition auf den jeweils unterschiedlichen kulturellen Ressourcen. Idealtypisch definiert er eine Nation als „a named and self-defined human community whose members cultivate shared myths, memories, symbols, values, and traditions, reside in and identify with a historic homeland, create and disseminate a distinctive public culture, and observe shared customs and common laws"[206].

Bei der Bildung und dem Aufrechterhalten von Nationen spielen demnach soziale Prozesse sowie symbolische Ressourcen eine zentrale Rolle. Dies verdeutlicht auch Anthony Smiths Definition von „nationaler Identität". Diese definiert er als „the continuous reproduction and

203 Vgl. ebenda.

204 Vgl. Anthony D. Smith, *The Cultural Foundations of Nations: Hierarchy, Covenant, and Republic* (Oxford, 2008), S. 15 f.

205 Vgl. ebenda, S. 18.

206 Ebenda, S. 19.

reinterpretation of the pattern of values, symbols, memories, myths, and traditions that compose the distinctive heritage of nations, and the identification of individuals with pattern and heritage"[207]. Diese Definitionen bestimmen allesamt Idealtypen. In der Praxis ist es zumeist so, dass eine heterogene Bevölkerung nach einem für sie legitimen, geeinigten und souveränen Nationalstaat auf der Basis einer offenen und für alle StaatsbürgerInnen zugänglichen gemeinsamen öffentlichen Kultur verlangt.

Nach Anthony Smiths Theorie des Ethno-Symbolismus spielen dabei die Mythen, Symbole und Erinnerungen von ethnischen Ursprüngen in der Vormoderne eine wichtige Rolle und sollen auch erklären, wieso Nationalismus über Generationen hinweg seinen Einfluss bewahrt.

> The link with the distinctive pre-modern past serves to dignify the nation as well as to explain its mores and character [...], it serves to ‚remake the collective personality' of the nation in each generation. Through rituals and ceremonies, political myths and symbols, the arts and history textbooks – through these the links with a community of origin, continually reshaped as popular ‚ethno-history', are reforged and disseminated.[208]

Ethno-history wird von Smith wie folgt beschrieben: „Ethno-history [...] differs from ‚history' in that the latter is concerned with a more or less disinterested and professional enquiry into the past, whereas the former stands for the members' own records and memories of a community and its own rediscovery of an ‚authentic' communal past or pasts."[209]

Neben den sogenannten „Ethno-Symbolen" spricht Smith noch ein weiteres Fundament von Nationen an und geht in seinem Konzept in die Richtung von Benedict Anderson, wenn er über Nationen Folgendes schreibt: „[...] a form of human community characterized by a cultural and/or political identity, nations can be seen as sets of social and cultural resources on which the members can draw, and which, in varying degrees, enable them to express their interests, needs and goals."[210] Diese Definition kommt einer Erklärung, wieso gerade die

207 Ebenda.
208 Smith, „National Identity and the Idea of European Unity" (wie 147), S. 62.
209 Smith, *Nationalism* (wie 129), S. 140.
210 Smith, *The Cultural Foundations of Nations* (wie 204), S. 23.

Form der „Nation" als Gemeinschaft eine so große Anziehungskraft für Menschen hat, recht nahe.

Gerade die kulturelle und die soziale Dimension dieser Art der Gemeinschaft und der daraus resultierenden nationalen Identität machen dieses Konzept so erfolgreich. Es gelingt eben gerade dieser Form der Gemeinschaft, die individuellen sowie die kollektiven Bedürfnisse von Menschen zu befriedigen. Dabei würde es zu kurz greifen, wenn man das Konzept der Nation, so wie es manche Modernisten machen, als reine Ideologie oder als populistisches politisches Konzept simplifizierte.

Dies ist eine wichtige Feststellung für die Bedeutung und den Stellenwert der „Nation" als analytischer Kategorie für diese Arbeit. Nationale Gemeinschaften sollten nicht durch deskriptive Merkmale zu sehr generalisiert werden. Dies macht Smiths Konzept so nützlich. Es ist klar, dass unter anderen historischen, sozialen oder kulturellen Bedingungen die einzelnen Elemente von Nationen jeweils anders ausgeprägt sind. Deshalb ist es auch wenig nützlich, wenn man, wie es zum Beispiel Michael Mann oder John Breuilly tun, Nationalismus als primär politische Bewegung oder Ideologie sieht, und die soziale und die kulturelle Dimension als sekundär annimmt und ausblendet.[211]

Wir finden in Europa viele Nationen, wo die Mehrheit der Mitglieder keinen eigenen Staat zum Ziel hat. Beispiele hierfür sind die Flamen, Bretonen, Schotten, Katalanen, Waliser und Basken.[212] Begründen kann man dies damit, dass innerstaatliche Autonomie in einem multinationalen Staat andere soziale, ökonomische, moralische und kulturelle Ziele verwirklicht, die wichtiger sind als politische Souveränität. John Hutchinson hat dokumentiert, dass es für kulturelle Nationalisten Priorität hat, nach Jahrhunderten der Lethargie und der Schwächung ihre nationalen Gemeinschaften zu regenerieren. Anthony Smith deutet sogar auf den ethnozentristischen Bias von westlichen Modernisten hin, wenn sie bei ihren Konzepten von „Nation" die speziellen geohistorischen Kontexte in einzelnen Regionen nicht berücksichtigen und global generalisieren.[213]

211 Vgl. ebenda, S. 26.
212 Vgl. ebenda.
213 Vgl. ebenda, S. 26 f.

Die wichtige Conclusio dieses Ansatzes ist, dass eine Nation, um sich zu bilden, folgende Prozesse durchlaufen muss: „self-definition, cultivation of symbolic resources, territorialization, the dissemination of a distinctive public culture, and the standardization and observance of common laws and customs."[214]

Den wichtigen Punkt, wieso so viele Nationen über lange Zeit ihre kulturelle Identität behalten und nicht untergehen, führt Smith auf die Kultivierung von bestimmten kulturellen Ressourcen nationaler Identität zurück, die oft von vormodernen ethnischen Gemeinschaften sowie alten religiösen Traditionen stammen.[215] Dabei stehen, wie folgt, vor allem kulturelle Faktoren im Mittelpunkt der Analyse: „[...] ‚ethno-symbolism' shifts the focus of analysis away from purely external political and economic, or sociobiological, factors to the cultural ones of symbol, memory, myth, value and tradition."[216] Dieses kulturalistische Paradigma ist für die Beantwortung der Frage, wieso Nationalismus derart beständig ist, sehr nützlich.

Anthony D. Smith begründet die Bedeutung von Kultur und ethnischen Symbolen für moderne Gemeinschaften auf Basis einer allgemeinen Theorie von Nationalismus. Dabei wird im Unterschied zu vielen modernistischen Theorien auch festgestellt, dass Nationen für Menschen wichtige Bedürfnisse befriedigen und elementare Funktionen erfüllen: „[...] nations can be seen as sets of social and cultural resources on which the members can draw, and which, in varying degrees, enable them to express their interests, needs and goals."[217] Auch Robert H. Wiebe argumentiert, dass die Verurteilung des Nationalismus durch die westlichen Eliten und Intellektuellen nach den Erfahrungen des Zweiten Weltkrieges zwar für sie selbst logischerweise vernünftig erscheint, die weltweite universalistische Anwendung dieser Maßstäbe jedoch äußerst eurozentristisch ist. Trotz aller negativen Resultate und Folgen des Nationalismus solle man auch beachten, was die Motive und Gründe sind, weshalb er auf viele Menschen so anziehend wirkt.

---

214 Ebenda, S. 46.
215 Vgl. ebenda, S. 47.
216 Smith, *Nationalism* (wie 129), S. 59.
217 Smith, *The Cultural Foundations of Nations* (wie 204), S. 23.

> Nationalism, which looks like a major problem to us, arrived during the nineteenth century as the solution to an even more fundamental problem: How could people sort themselves in societies where the traditional ways no longer worked? Rather than a gigantic fraud perpetrated time and again on the mindless masses, nationalism thrived because it addressed basic human needs. Examining the nature of those needs in nationalism's original home, Europe, is the first step in our inquiry.[218]

Sowohl Anthony D. Smith als auch Robert H. Wiebe meinen, dass Nationalismen und nationale kollektive Identitäten Antworten auf gewisse Bedürfnisse der Menschen geben, welche eine globale Kultur offensichtlich nicht gibt.[219] Diese Gedanken weisen auch auf die Frage hin, ob eine supranationale europäische Identität oder regionale Identitäten überhaupt die Funktionen von nationalen Identitäten erfüllen können.

Nationen und Nationalismus sind nicht statisch, sondern nationale Identitäten werden von Generation zu Generation sukzessive reinterpretiert und angepasst. Gerade die Flexibilität, die durch Modifikation um einen ethno-symbolischen Kern herum möglich ist, macht Nationalismen so stabil und haltbar. Man kann durchaus Parallelen zu Durkheims Analyse von Religion aus dem Jahre 1915 ziehen, was auch Nationalismus als säkulare Religion durchaus beschreibbar macht: „Thus there is something eternal in religion which is destined to survive all the particular symbols in which religious thought has successively enveloped itself. There can be no society which does not feel the need of upholding, and reaffirming at regular intervals the collective sentiments and collective ideas which make up its unity and its personality."[220]

Auch wenn viele Elemente von Nationalismen „erfunden" und konstruiert sind, so ist es doch wichtig zu erkennen, dass die dafür notwendigen Elemente von als gemeinsam empfundener Kultur, Geschichte, Symbolen und Schicksalen für die betroffenen Gemeinschaften (Nationen) und deren Subjekte Realität darstellen. Nationalismus ist nicht allein als Ideologie zu begreifen, welche die Realität verkehrt,

218 Robert H. Wiebe, *Who we are. A History of Popular Nationalism* (Princeton, 2002), S. 11.

219 Vgl. ebenda, S. 10.

220 Zitiert in Smith, *Nationalism* (wie 129), S. 146.

sondern sie spielt eine wichtige Rolle in der sozialen Konstruktion der Wirklichkeit für die betroffenen Menschen.

Gerade Nationalismen erweisen sich immer wieder als äußerst effektiv und politisch relevant. Deshalb muss man die menschlichen Bedürfnisse, welche Nationalismen scheinbar befriedigen und wodurch erst die Aktivierung und Politisierung von nationaler kollektiver Identität möglich wird, aus der wissenschaftlichen Perspektive sehr ernst nehmen, auch wenn Nationalismus von manchen WissenschaftlerInnen (wie zum Beispiel von manchen Modernisten) als bloße Erfindung, als bald endender Irrweg oder als Anachronismus gesehen wird.

2.3.2. Sozialkonstruktivismus

Primordialismus und Essenzialismus, bei denen die Nation an sich und die dazugehörige nationale Kultur als etwas Gegebenes gesehen werden, spielen in den heutigen Diskussionen der Forschung nur eine sehr beschränkte Rolle. Sie vertreten den Ansatz, dass vorhandene kulturelle Faktoren, wie zum Beispiel ethnische Gruppen, im Prozess der Nationsbildung dazu dienen, vollständige Nationen mit nationaler Identität zu entwickeln. Dies heißt, sie sehen die Verbindung zwischen Kultur und Identität als Einbahnstraße, an der man im Grunde nichts ändern kann. Dies hieße, dass die europäischen Nationen aufgrund ihrer kulturellen Grundlagen fixe kollektive Identitäten wären und eine europäische supranationale oder postnationale Identität nicht möglich sei, da man die unterschiedlichen Kulturen und die daran gebundenen Identitäten nicht so einfach ändern könne. Franzosen würden demnach immer Franzosen bleiben und Österreicher immer Österreicher.

Diese Ansätze werden durch empirische Daten widerlegt, die nachweisen, dass es multiple Identitäten gibt und die meisten EuropäerInnen mittlerweile über eine duale Identität, nämlich eine nationale und eine europäische, verfügen. Den genannten Ansätzen stehen auch modernistische Theorien entgegen, welche vertreten, dass Kultur veränderbar sei und die Nation als politisches Konzept nur im Zeitalter des Nationalismus zu begründen wäre, aber keinesfalls eine fixe kulturelle Einheit darstelle. Besonders Gellner betont, dass Kultur nichts Gegebenes, sondern etwas Gedachtes, das heißt, auch etwas Veränderbares ist. Benedict Anderson vertritt die Meinung, dass im Zusammenhang mit Nationen, obwohl sie gedachte, vorgestellte (*imagined*) Gemeinschaften sind, kulturelle Elemente doch eine wichtige Rolle spielen. Noch weiter geht Anthony Smith, der betont, dass nationale Identitäten deshalb so stark und langlebig sind, weil sie auf alten ethno-symbolischen Mustern beruhen.

Ein wichtiger, weil alternativer Ansatz, der die Rolle der Kultur im Rahmen der Identitätsbildung anders als die vorher genannten Theorien begreift, ist der Sozialkonstruktivismus. Thomas Risse erklärt Sozialkonstruktivismus folgendermaßen: „[...] as based on social ontology which insists that human agents do not exist independently from their social environment and its collectively shared systems of meanings (‚culture' in a broad sense). This is in contrast to the methodological individualism of rational choice [...]."[221] Dies heißt, dass im Mittelpunkt des Interesses diejenigen Faktoren stehen, welche die soziale Wirklichkeit der Personen erzeugen. Dabei gehen sie aber nicht so weit wie Kommunitaristen, welche meinen, dass Menschen einzig und allein von den Gruppen geprägt werden, in denen sie leben, und das Individuum an sich keine Rolle spielt.

Der Sozialkonstruktivismus vertritt zwar die Ansicht, dass alle Personen soziale Wesen sind, welche in verschiedene relevante soziale Gemeinschaften eingebettet sind, jedoch menschliche Tätigkeiten Kultur durch tägliche Praktiken erzeugt, beeinflusst und auch ändert. Ein gutes Beispiel hierfür bietet die EU. Ähnlich wie der Neofunktionalismus geht auch der Sozialkonstruktivismus davon aus, dass die EU als erstarkte *polity* nicht nur die für die Nationalstaaten möglichen Entscheidungen begrenzt und verändert, sondern dass sie auch die Art verändern wird, wie diese Nationalstaaten ihre Interessen und sogar ihre Identitäten definieren.[222]

Die meisten TheoretikerInnen, die sich heute mit kollektiven Identitäten beschäftigen, beziehen in ihre Überlegungen sozialkonstruktivisti-

221 Thomas Risse, „Social Constructivism and European Integration", in: Antje Wiener & Thomas Diez (Hrsg.), *European Integration Theory* (Oxford, 2004), S. 159–176, hier S. 160.

222 Ebenda, S. 163.

sches Denken ein. Risse schreibt, der Schwerpunkt dieser Perspektive sei die Feststellung, dass die Verbindung zwischen kulturellen Variablen, wie zum Beispiel ethnischer Zugehörigkeit oder religiöser Bindung, und kollektiven Identitäten eine historisch höchst unterschiedliche ist, welche andauernd konstruiert und rekonstruiert wurde beziehungsweise noch immer wird.[223]

Aus diesem Ansatz lassen sich zwei wichtige Schlüsse ziehen. Erstens, dass soziale Identitäten Ideen beinhalten, welche die Mitgliedschaft einer Person in einer sozialen Gruppe beschreiben und kategorisieren, auch mithilfe von emotionalen, affektiven und bewertenden Komponenten. Zweitens, dass ein Gemeinschaftsgefühl durch ein Gefühl der Unterschiedlichkeit gegenüber anderen Gemeinschaften entsteht. Individuen nehmen tendenziell ihre eigene Gemeinschaft (*in-group*) positiver wahr als eine Gemeinschaft, der sie nicht angehören (*out-group*).

Dieser Ansatz verhilft zwar zu einer breiteren Perspektive und eröffnet eine optimistische Zukunftsperspektive für die EU, da es dieser mittlerweile gelungen sei, Identitätshegemonie zu erreichen. Begründet wird diese Ansicht damit, dass heutzutage die EU und Europa als Quasi-Synonyme verwendet werden. Alberta Sbragia zeigt dies deutlich am Beispiel Italien, wo im öffentlichen Diskurs um den Beitritt des Landes in die Euro-Zone dieser weitere Integrationsschritt als „Eintritt in Europa" („entrare l'Europa") dargestellt wurde. Dabei ist Italien eigentlich eines der sechs Gründungsmitglieder der Europäischen Gemeinschaft gewesen.[224]

Dieser Ansatz macht auch deutlich, dass eine Abgrenzung zu einer *out-group* benötigt wird. Dabei ist es die Frage nach den Grenzen Europas oder ob es eine europäische Kultur gibt, geben kann oder überhaupt geben soll, welche die Konstruktion einer europäischen Identität demnach bestimmt. Allein ist dieser Ansatz nicht ausreichend, um die verschiedenen Dimensionen der Ablehnung von Individuen gegenüber der EU zu erklären. Dies bestätigt auch Thomas Risse, indem

223 Vgl. ebenda, S. 167.

224 Vgl. Alberta Sbragia, „Italy Pays for Europe: Political Leadership, Political Choice, and Institutional Adaptation", in: Maria Green Cowles, James Caporaso & Thomas Risse (Hrsg.), *Transforming Europe: Europeanization and Domestic Change* (Ithaka, NY, 2001), S. 79–96.

er schreibt: „[...] real actors in the real world of the EU tend to combine various logics of action in their behaviour. They pursue egoistic interests – embedded in a society constituting their collective identities."[225]

2.3.3. Sozialpsychologische Ansätze

In den vorangegangenen Abschnitten wurde Nationalismus als soziologisches, politisches, rationales oder sozial konstruiertes Phänomen beschrieben. Alle diese Perspektiven haben ihren Wert und ihre Nützlichkeit zur Erfassung dieses komplexen Phänomens. An dieser Stelle wird Nationalismus auch aus sozialpsychologischer Sicht analysiert. Dies ist notwendig, da Individuen Einstellungen und Haltungen gegenüber ihren eigenen sowie anderen Nationen entwickeln und diese Entwicklungen unter anderem sozialpsychologisch erklärbar sind. Wie schon weiter oben festgestellt, kann bei kollektiven Identitäten und bei Gemeinschaften die Loyalität ihrer Mitglieder nicht rein durch ein ökonomisch-rationales Schema erklärt werden. Auch Makrotheorien, wie die besprochenen Nationalismustheorien, geben keinen Einblick in die genaue Funktionsweise von nationaler Identität. Eine Ausnahme, wenn auch zum Teil recht oberflächlicher Art, ist hier Benedict Andersons Theorie der *imagined communities.*

Im Zusammenhang mit den aktuellen Diskussionen zur Verbindung zwischen nationaler und europäischer Identität muss man einige der von proeuropäischen PolitikerInnen und EU-ExpertInnen hervorgebrachten Aussagen und Weisheiten, welche verallgemeinernd darstellen, dass eine starke nationale Identität und eine europäische Identität positiv korrelieren und es daher diesbezüglich keinerlei Probleme gebe, kritisch hinterfragen. Die offiziell verfolgte EU-Politik setzt sich einerseits dafür ein, den *European citizen* zu schaffen, will aber andererseits die Menschen beruhigen, indem sie sagt, dass sie die nationalen Identitäten nicht nur schützt, sondern auch gezielt fördert. Zusammenfassen kann man diese Politik durch den Leitspruch der Union: „Unity in Diversity". Ermöglichen sollen dies das Subsidiaritätsprinzip der

225 Risse, „Social Constructivism and European Integration" (wie 221), S. 167.

Union und eine Stärkung der Regionen. Ganz logisch ergibt sich dann in der Folge durch eine Abschwächung der nationalen Ebene ein „Europa der Regionen", welches durch starke regionale Identitäten sowie durch eine gemeinsame supranationale europäische Identität der Vielfalt zusammengehalten werden soll.

Auch wenn sich dieses Konzept auf den ersten Blick sehr einfach und schön anhört, so ist die Umsetzung in der Praxis manchmal widersprüchlich. Eine kollektive Identität auf der Basis von Unterschieden aufzubauen – dafür findet man in der Sozialpsychologie keine schlüssigen Konzepte, eher das Gegenteil ist der Fall. Eine große Zahl von publizierten Studien zum Thema EU und europäische Identität geht jedoch in die Richtung der offiziellen EU-Politik und vertritt den Standpunkt, dass nationale Identitäten und eine gemeinsame starke europäische Identifikation positiv korrelieren und einer europäischen politischen Solidargemeinschaft sogar zuträglich sind. Eine Studie von Mlicki und Ellemers, welche die Einstellungen polnischer und belgischer Bürger zur Nation und zu Europa untersuchte, kam zu dem Schluss, dass die nationale Identität nicht in Konkurrenz zur europäischen steht.[226]

Nachdem weitere Studien über die Einstellungen von Schotten, Andalusiern und Engländern erstellt wurden, in denen zum Teil eine leicht positive Korrelation nachgewiesen wurde, nahm man die These, dass sich nationale und europäische Identität nicht nur nicht widersprechen, sondern sich sogar positiv unterstützen, als wissenschaftlich akzeptiert an.[227] Der offizielle EU-Leitsatz wurde bestätigt. Auch wurde vermeintlich nachgewiesen, dass sich die Loyalitäten auf verschiedenen Ebenen gegenseitig auch positiv fördern. Das heißt, besitzt jemand auf regionaler und nationaler Ebene eine starke Identifikation, so identifiziert er sich auch stärker mit Europa. Dies wurde unter anderem anhand Ingleharts Theorie der *cognitive mobilization* erklärt.[228]

---

226 Vgl. Emanuele Castano, „European Identity: A Social-Psychological Perspective", in: Richard K. Herrmann, Thomas Risse & Marilynn B. Brewer (Hrsg.), *Transnational Identities. Becoming European in the EU* (Oxford, 2004), S. 40–58, hier S. 50.

227 Vgl. ebenda, S. 51.

228 Vgl. ebenda, S. 51 f.

Dies ist die eine Perspektive. Wenn man sich nun aber im Detail die Studien ansieht, so fällt auf, dass manche Länder, wie zum Beispiel Großbritannien, genau die gegenteilige Tendenz aufweisen. „Cinnirella (1997) observes a negative correlation between the national and the European identity of British participants […].“[229] Der springende Punkt dabei ist, dass nicht alle Nationen dieselbe Konstruktion der nationalen Identität oder eine rationale Kosten-Nutzen-Evaluierung gegenüber der EU aufweisen. Man muss hier die nationalen Identitäten im Detail analysieren. Noch dazu spielen die ökonomischen Vorteile, die sich die Bevölkerung von einer EU-Mitgliedschaft erwartet, ebenfalls eine große Rolle. Die in einigen Studien vorgenommenen Verallgemeinerungen greifen hier deutlich zu kurz.

Entscheidend helfen kann hier der Ansatz, dass man zwischen verschiedenen *in-group orientations* unterscheidet. „Certain types of in-group orientations are associated with a tendency to denigrate out-groups, while others are not (Berry, 1984). This distinction is also made in the well-known work of Adorno, et al. (1950) on the authoritarian personality.“[230] Theorien zum *in-group bias* zeigen deutlich, dass Stereotypenbildung und die negative Wahrnehmung anderer Gruppen sozialpsychologisch durchweg erklärbar sind.

Die Haupthypothese dieser Studie, dass Nationalismus mit der Ablehnung gegenüber der EU in Verbindung steht, basiert auf den Beobachtungen einer klassischen Studie von DeLamater, Katz und Kelman aus dem Jahre 1969. Die Autoren berichteten von stärkerer affektiver Bindung von Personen zu ihrer Nation, wenn diese ihre Nation als ein Symbol für etwas Wichtiges in ihrem Leben sahen. Diese Personen, welche eine starke Bindung zu ihrer Nation empfanden, waren traditioneller in ihrem Nationalismus und hatten eine negativere Einstellung gegenüber allen supranationalen Organisationen.[231]

---

229 Ebenda, S. 51.

230 Daniel Druckman, „Nationalism, Patriotism, and Group Loyalty: A Social Psychological Perspective“, in: *Mershon International Studies Review*, Ausg. 38, Nr. 1 (Apr. 1994), S. 43–68, hier S. 47.

231 Vgl. John DeLamater, Daniel Katz & Herbert C. Kelman, „On the Nature of National Involvement: A Preliminary Study“, in: *Journal of Conflict Resolution*, Ausg. 13 (1969), S. 320–357.

Verschiedene psychologische Studien haben ergeben, dass Menschen mit „patriotischer" Einstellung die Welt aus einer eher konsensorientierten und friedlichen Perspektive sehen, wohingegen „nationalistische" Menschen die Welt mehr durch wettkämpferische und militaristische Muster sehen. Unter „patriotisch" wird hier die nationale Identität verstanden, wenn sie nicht auf einem emotional geprägten Konkurrenzverständnis basiert, welches nach der Überlegenheit der eigenen Nation streben lässt und somit Konsens und rationale Evaluierungen verhindert. Die emotionale Prägung von Kindern bezüglicher ihrer Nation findet schon in früher Kindheit statt. Im Alter von nur sechs Jahren wissen oder, besser gesagt, fühlen Kinder schon genau, zu welcher Nation sie gehören und haben dazu eine positive emotionale Bindung. Dies geschieht nämlich emotional, und nicht kognitiv.[232]

Diese Erkenntnis begründet auch, wieso Nationalismus von Symbolen und Emotionen getragen wird. „Children experience positive feelings about their country before they can put a label on such feelings. [...] The nature of the rationalization leads to the differentiation between nationalism and patriotism."[233] Da sich die Gefühle bezüglich der Nation viel früher als die Inhalte dazu entwickeln, ist eine spätere Rationalisierung sehr schwer.[234] Man müsste sich fragen, ob positive Gefühle gegenüber der eigenen Nation gerechtfertigt sind, weil diese eigene Nation so großartig ist, oder ob man anderen wirklich überlegen ist. Das Erfordernis von Reflexion und gewissen kognitiven Kompetenzen erklärt unter anderem, warum bei Studien zum Nationalismus der Bildungsgrad ein wichtiger Faktor ist.

Grundsätzlich verhält es sich so, dass diese Orientierungen (patriotisch oder nationalistisch) situationsabhängig auftreten. Nationalistische Einstellungen treten häufiger auf, wenn es sich um *Competitive-intergroup*-Situationen handelt. Logischerweise spielen *out-groups* bei *Non-competitive*-Situationen eine geringere Rolle. Die entscheidende Frage ist aber, ob die Situation erst konfliktreich werden muss, um nationalistische Muster zu aktivieren. Es ist demnach einleuchtend, dass,

232 Vgl. Druckman, „Nationalism, Patriotism, and Group Loyalty: A Social Psychological Perspective" (wie 230), S. 47.

233 Ebenda.

234 Vgl. ebenda.

wenn nationale Interessen auf EU-Ebene diskutiert und von den nationalen Medien aufbereitet der Öffentlichkeit präsentiert werden, dann nationalistische Orientierungen bei Menschen angesprochen werden. Dann werden andere Nationen sowie die EU als *out-group* wahrgenommen.

Interessant für die Ablehnung gegenüber der EU aus nationalistischen Gründen ist, inwieweit Nationalismen und nationale Identitäten auf die Einstellungen von Menschen gegenüber *out-groups* wirken können, wenn es noch keine konfliktgeladene Situation gibt. Eine Antwort auf diese Frage findet man im Konzept des *in-group bias*. Viele Theorien und empirische Untersuchungen lassen darauf schließen, dass die eigene Gruppe oder Gemeinschaft, also auch die eigene Nation, als besser, freundlicher, kompetenter und stärker wahrgenommen wird als andere. In der Folge konnte man feststellen, dass dies nicht nur zu einer Aufwertung der eigenen Gruppe, sondern auch zu einer gleichzeitigen Abwertung der anderen Gruppen führt.[235]

Tajfel kommt in seiner *social identity theory* aus dem Jahre 1982 zu dem Schluss, dass die positive Evaluierung der eigenen Gruppe im Vergleich zu anderen Gruppen das eigene Selbstwertgefühl steigert. Die soziale Identität einer Person ist mit der Wichtigkeit und Wertigkeit der Gruppe, zu der diese gehört, verknüpft. Im Fall des Nationalismus bedeutet dies, dass das eigene Selbstwertgefühl mit der Werteinschätzung der eigenen Nation zusammenhängt.[236] „Being able to discriminate one's own group from others appeared most important to enhancing self-esteem and loyalty."[237] Ein Beispiel hierfür ist die Identifikation von BürgerInnen mit ihren Nationalteams beim Sport. Es ist auffällig, dass auch BürgerInnen, die normalerweise kein oder nur sehr mäßiges Interesse an Sport zeigen, bei Großveranstaltungen, wo Nationen gegeneinander antreten, zu enthusiastischen und emotional involvierten Fans werden. Gerade im Sport ist es oft deutlich sichtbar, wie sehr nationale Identifikation und die Situation des Wettstreits mit anderen Nationen Nationalismus als sozialpsychologisches Phänomen auslösen. Dabei steht zumeist im Vordergrund, dass man durch die

235 Vgl. ebenda, S. 48.
236 Vgl. ebenda, S. 48 f.
237 Ebenda, S. 49.

positive Evaluierung der eigenen Nation und die Abwertung der anderen seinen eigenen Selbstwert steigert.

Turner hat in seiner *self-categorization theory* aus dem Jahre 1987 festgestellt, dass man neben der positiven Wahrnehmung der eigenen Gruppe auch Gruppen mit ähnlichen Merkmalen bevorzugt. Durch Kategorisierungen von Ähnlichkeiten und Unterschieden organisieren Personen ihre Welt und finden so Personen und Gruppen, denen sie scheinbar näherstehen, andere, denen sie eher ablehnend gegenüberstehen und wieder andere, mit denen sie nichts zu tun haben wollen.[238]

Ein weiterer theoretischer Ansatz welcher die Einstellungen zu Personen anderer Gruppen gut erklärt, ist der „Referenz-Gruppen" Ansatz sowie die *scaling hypothesis.* Die *scaling hypothesis* besagt, dass Personen verschiedene Gruppen entlang eines Kontinuums von „positiv" bis „negativ" einordnen. Auch die Intensität der entsprechenden Gefühle wird von „schwach" bis „stark" zugeordnet. Einige Studien bestätigen, dass die *scaling hypothesis* eine wichtige Rolle bei der Wahrnehmung und Bewertung anderer Nationen spielt. „Strong support was found for ‚ethnocentrism theory' in the ratings."[239] Dies deutet darauf hin, dass Kultur eine nicht zu unterschätzende Rolle bei der Beurteilung von anderen Gruppen spielt. „In effect, perceived similarity appears to be the most important dimension for scaling other groups. ‚We only want to interact with groups like us'."[240]

Bei all diesen Theorien geht es um grundlegende soziale Mechanismen und nicht um präzise Detailbeschreibungen jedes individuellen Handelns. Natürlich gibt es bei jeder Gemeinschaft eine gewisse Diversität unter den Mitgliedern. Trotzdem ist es wissenschaftlich nötig und auch sinnvoll, aufgrund von Theorien und empirischen Studien diese Modelle zur Erklärung von Fragestellungen zu verwenden.

Gerade im Bereich des Nationalismus sind diese Ansätze sehr hilfreich, um die innere Logik dieses Phänomens zu begreifen. Dadurch lässt sich auch die Problematik des von manchen nationalen PolitikerInnen

238 Vgl. ebenda, S. 50.
239 Ebenda, S. 59.
240 Ebenda, S. 60.

vertretenen „Europas der Vaterländer“ erklären. Bruter[241], Castano[242], Meinhof[243], Mummendey und Waldzus[244], Hooghes und Marks[245] sowie Druckman[246] bestätigen mit ihren Arbeiten, dass nationale Identität nicht nur positiv mit europäischer Identität korreliert, sondern dass sie auch mit ihr konfligieren kann. Die Hypothese dieser Arbeit erhält mit diesen Befunden ein griffiges Argument, weshalb nationale Identität und Nationalismus bei der Ablehnung gegenüber der EU wichtige Faktoren sein können.

Eines der schlüssigsten neueren Konzepte, welches die negativen Auswirkungen von dualen Identitäten erklären kann, ist das von Mummendey und Wenzel im Jahre 1999 publizierte *Ingroup Projection Model.* Anhand dieses Modells erklären sie, wie es zu negativen Einstellungen und Bewertungen von EU-Mitgliedern gegenüber anderen Mitgliedern kommen kann. Dabei geht das *Ingroup Projection Model* davon aus, dass Unterschiede zwischen *Out-group*-Mitgliedern dann negativ bewertet werden, wenn zwei Konditionen erfüllt sind: *inclusion* und *In-group*-Projektion.[247] Als *inclusion* wird der Status bezeichnet, wenn beide Gruppen miteinander vergleichbar werden, weil sie zu einer gemeinsamen höheren, inklusiven Kategorie gehören, welche für

241 Vgl. Michael Bruter, „Civic and Cultural Components of a European Identity: A Pilot Model of Measurement of Citizens’ Levels of European Identity“, in: Richard K. Herrmann, Thomas Risse & Marilynn B. Brewer (Hrsg.), *Transnational Identities. Becoming European in the EU* (Oxford, 2004), S. 186–213, hier S. 188–209.

242 Vgl. Castano, „European Identity: A Social-Psychological Perspective“ (wie 226), S. 52–54.

243 Vgl. Ulrike Hanna Meinhof, „Europe Viewed from Below: Agents, Victims, and the Threat of the Other“, in: Richard K. Herrmann, Thomas Risse & Marilynn B. Brewer (Hrsg.), *Transnational Identities. Becoming European in the EU* (Oxford, 2004), S. 214–246.

244 Vgl. Amélie Mummendey & Sven Waldzus, „National Differences and European Plurality: Discrimination or Tolerance between European Countries“, in: Richard K. Herrmann, Thomas Risse & Marilynn B. Brewer (Hrsg.), *Transnational Identities: Becoming European in the EU* (Oxford, 2004), S. 59–74, hier S. 63–72.

245 Vgl. Liesbet Hooghe & Gary Marks, „Calculation, Community and Cues: Public Opinion on European Integration“, in: *European Union Politics*, Ausg. 6, Nr. 4 (London, 2005), S. 419–443, hier S. 433.

246 Vgl. Druckman, „Nationalism, Patriotism, and Group Loyalty: A Social Psychological Perspective“ (wie 230), S. 43–68.

247 Vgl. Mummendey & Waldzus, „National Differences and European Plurality: Discrimination or Tolerance between European Countries“ (wie 244), S. 63.

den Vergleich zwischen den beiden Sub-Gruppen relevante Dimensionen zur Verfügung stellt.[248] In unserem Fall stellt Europa, oder genauer: die Europäische Union, diese höhere Kategorie dar. Die Sub-Gruppen sind dabei die einzelnen Mitgliedstaaten.

Die zweite Kondition ist die sogenannte *in-group projection*. Diese *In-group*-Projektion bedeutet, dass Gruppenmitglieder dazu tendieren, die Eigenschaften ihrer *in-group* zu generalisieren und auf die höhere, inklusive Kategorie zu projizieren. Die *in-group* sieht sich als *Pars pro Toto*, als ein Teil, der für das Ganze steht. Dies hat zur Folge, dass sie sich selbst als Standard für Wertungen und Beurteilungen über andere Sub-Gruppen der inklusiven Kategorie wahrnimmt.[249]

Dieses Modell sieht das Verhältnis zwischen nationaler und europäischer Identität als eine Kombination von „Russische-Puppen-Metapher" und „Marmorkuchen-Metapher". Einerseits stehen nationale Identitäten in Relation zu anderen nationalen Identitäten als Sub-Gruppen einer höheren europäischen Identität. Andererseits ist jedoch die europäische Identität selbst zum Teil gemischt (wie ein Marmorkuchen) mit nationalen Identitäten.[250] Wenn nun beide Konditionen, Inklusion und *in-group projection*, erfüllt sind, wird der Prototyp von der höheren, inklusiven Kategorie als der *in-group* ähnlicher zugeordnet als der *out-group*. Dies hat nun zur Folge, dass die andere Sub-Gruppe nicht nur als unterschiedlich im Vergleich zur *in-group*, also im Bereich der Sub-Gruppen, sondern auch als unterschiedlich im Vergleich zum Prototyp der höherrangigen gemeinsamen *in-group* gesehen wird. „As assumed by self-categorization theory (Turner et al. 1987), the lack of prototypicality of the out-group, the more negatively it will be evaluated."[251]

Nach empirischer Überprüfung dieses Modells konnten die unterschiedlichen Ergebnisse der Beziehung von nationaler und europäischer Identität erklärt werden. Die meisten Analysen der Eurobarometer-Daten betreffen als gemeinsame Ingroup-Identifikation zumeist die Identifikation mit Europa. Hier hat duale Identifikation zum Großteil

248 Vgl. ebenda.
249 Vgl. ebenda, S. 64.
250 Vgl. ebenda.
251 Vgl. ebenda, S. 65.

einen sehr positiven Effekt, genauso wie auf die Bewertungen von Outgroups. Jedoch zeigen die Studien, dass bei einer zusätzlich sehr starken Bindung zu einer Nation auf dem subgroup level, also einer ausgeprägt starken nationalen Identität, die Ingroup-Projection ins Spiel kommt und andere Nationen negativer bewertet werden.[252]

Wichtig ist, dass man die Schlüsse dieser sozialpsychologischen Ansätze ernst nimmt. Auch wenn sich eine duale Identität der EU-BürgerInnen entwickelt, so muss man trotzdem Rücksicht auf nationale Identitäten nehmen. Tut man dies nicht, kann es zu Konflikten kommen. Denn mit zunehmender Identifikation mit „Europa" nehmen auch die Vergleiche zwischen den Untergruppen, den Nationen zu. Dabei werden europäische Standards, Normen und Werte bindender für die Nationen der EU. „A subgroup's prototypicality in terms of European standards becomes the basis for the acceptance of the treatment of that subgroup in the European context."[253]

Diese Problematik tritt auf, wenn ÖsterreicherInnen zum Beispiel die Türkei aufgrund ihrer Abweichungen gegenüber europäischen Normen und Werten abwerten und kritisieren. Dies geschieht, weil diese Personen ihre Vorstellungen von Österreich als prototypisch für Europa und dessen Werte sehen. „Differences in prototypicality justify differences in status and treatment."[254]

Zusammenfassend kann man sagen, dass es multiple Identitäten zwar gibt, man aber trotzdem beachten muss, dass es dabei sehr wohl eine Hierarchie gibt und die einzelnen Loyalitäten und Bindungen auch situationsabhängig angesprochen werden. Bei dualer Identität sind nationale und europäische Identität miteinander verwoben (Russische Puppe, Marmorkuchen). Dies erklärt auch, wieso bei Statistiken häufig eine positive Korrelation zwischen nationaler und europäischer Identifikation besteht. In der Regel wirkt sich eine starke Identifikation mit Europa positiv auf die Wertung anderer Nationen der EU aus. Trotz vorhandener europäischer Identität kann es bei sehr starker nationaler Identität zu negativer Beurteilung und Stereotypenbildung gegenüber anderen Nationen kommen. Dies zeigen auch qualitative

252 Vgl. ebenda, S. 67.
253 Ebenda, S. 68.
254 Ebenda.

Untersuchungen von Ulrike Hanna Meinhof, die bei Deutschen, die sich als Europäer fühlen, trotzdem Sentiments und Stereotypen gegenüber polnischen BürgerInnen festgestellt hat.[255]

Da nationale Identität schon von früher Kindheit an emotional und nicht kognitiv geprägt wird, ist diese sehr schwierig zu ändern. Zudem ist sie ein Teil des Selbstbildes. Eine stark ausgeprägte nationale Identität führt bei bestimmten Umständen zur Abwertung anderer Nationen und zu weniger Toleranz. Entscheidend hierbei ist vor allem, wie die eigene nationale Identität definiert ist. Bei exklusiver nationaler Identität neigen Menschen eher zu Intoleranz und Abwertung anderer. Bei inklusiver nationaler Identität scheint dies umgekehrt zu sein. In der Praxis erscheint diese Erklärung schlüssig.

Wie in einer Diskursstudie über den Begriff „Europa" gezeigt wurde, konstruiert Großbritanniens politische Elite ihre nationale Identität im Gegensatz zu Europa. Hier kann bei den empirischen Daten eine negative Korrelation zwischen nationaler Identität und entgegengestellter europäischer Identität festgestellt werden. Im klaren Gegensatz dazu stehen die nationalen Identitäten Frankreichs und Deutschlands, die mit „Europa" und der europäischen Identität verbunden wurden.[256] Faktum ist, dass die Bindung zu europäischen Werten und Normen für die meisten EuropäerInnen ein wünschenswertes Ziel für die europäische Integration darstellt.[257] Die empirischen Daten der letzten Jahre deuten auch darauf hin, dass es seit den 1990er-Jahren zu großen Veränderungen der nationalen Identitäten gekommen ist und diese immer weniger exklusiv gesehen werden.[258] Trotzdem ist es auch ein Faktum, dass europäische Bürgerinnen und Bürger einen „ethno-zentristischen Bias" gegenüber Europa aufweisen. Dies ist ein psychologisches Grundprinzip, und es basiert auf der Tatsache, dass man die eigene Nation als Prototyp wahrnimmt. „A complex Europe means

255 Vgl. Meinhof, „Europe Viewed from Below: Agents, Victims, and the Threat of the Other" (wie 245), S. 214–246.

256 Vgl. Risse, „European Institutions and Identity Change: What Have We Learned?" (wie 102), S. 253.

257 Vgl. Mummendey & Waldzus, „National Differences and European Plurality: Discrimination or Tolerance between European Countries" (wie 244), S. 68.

258 Vgl. Risse, „European Institutions and Identity Change: What Have We Learned?" (wie 102), S. 260 f.

that differences between nationalities are part of the kernel definition of Europe. With such a representation of Europe it is not easy to maintain an ethnocentric European prototype."[259] Dies bedeutet auf den Punkt gebracht, dass eine Nicht-Berücksichtigung der nationalen Identitäten bei entsprechenden Umständen zu einer Zunahme von Nationalismus führen kann. Man kann nämlich davon ausgehen, dass es bei vielen Mitgliedern im Rahmen von Verhandlungen die Tendenz gibt, ihre eigenen nationalen Prinzipien, Normen und Werte auch als wünschenswerte Modelle auf europäischer Ebene einzubringen.

Eine mögliche theoretische Lösung gegen solche Nationalismen wäre einerseits die Auflösung von nationaler Identifikation. Andererseits wäre auch die Konstruktion eines komplexeren, inklusiveren Europas denkbar. Ein solches komplexes soziales Konstrukt, welches die Diversität der unterschiedlichen nationalen Kulturen, Sprachen und Identitäten in der EU berücksichtigt, würde vielleicht Nationalismen beschränken können. Die offizielle EU-Linie, die die Einheit in der Vielfalt sucht, kommt diesem Lösungsmodell sehr nahe. Doch ist der Ansatz eines „Europas der Regionen", also der schrittweisen Übertragung von Kompetenzen von der nationalstaatlichen auf die europäische, supranationale Ebene und regionalen Ebenen aus der Perspektive der bisherigen Erkenntnisse kurz- sowie mittelfristig äußerst kontraproduktiv, weil es zu einer Verstärkung von Nationalismen kommt. Die Frage, die offen bleibt, ist jene nach der Zeitspanne, welche nötig wäre, um die Dominanz der nationalen Identifikation dauerhaft und nachhaltig, wenn überhaupt, zu überwinden.

259 Mummendey & Waldzus, „National Differences and European Plurality: Discrimination or Tolerance between European Countries" (wie 244), S. 69.

3. Ablehnung gegenüber der EU

Gerade weil sie ein Elitenprojekt ist, wird der EU mangelnde „Bürgernähe“ vorgeworfen. Neben dem Demokratiedefizit wird die sogenannte Legitimitätsproblematik als ein Hauptproblem angesehen. Wenn man sich jedoch die Diskussionen der EU-KritikerInnen inhaltlich genauer ansieht, so stimmt einiges nachdenklich. So wird beispielsweise der Vertrag von Lissabon abgelehnt, weil die EU undemokratisch sei. Gerade dieser sollte aber aus Sicht der EU-Elite die entsprechenden Reformen bezüglich verbesserter Demokratie, erhöhter Legitimation etc. bringen. Nun stellt sich die Frage: Ist der Vertrag von Lissabon gescheitert, weil er die EU undemokratischer und bürgerferner machen würde oder weil die Menschen den alten Vertrag für besser halten? Oder geht es den Menschen einfach darum, ein Signal dafür zu setzen, dass sie den aktuellen Weg der EU ablehnen? Oder geht es ihnen in Wirklichkeit um innenpolitischen Protest?

Nach Ergebnissen von BürgerInnenbefragungen nach den Gründen des Negativvotums in den Referenden in Frankreich, den Niederlanden und Irland kann davon ausgegangen werden, dass es bei den Abstimmungen nicht so sehr um die EU selbst als um innenpolitische Abrechnungen, Proteste, Gefühle und Emotionen gegangen ist. Das Fehlen einer europäischen politischen Öffentlichkeit ist von seinem Volumen her ein Thema für sich. Doch es ist wichtig, sich bewusst zu werden, dass für die Bevölkerungen in Irland und Frankreich vor allem innenpolitische Motive entscheidend waren.

Wenn es also nicht primär um europäische Motive gegangen ist, so muss man sich fragen, weshalb die EU vonseiten der breiten Masse in vielen Ländern (Österreich, Großbritannien etc.) so wenig Unterstützung genießt. Mit dem hier angebotenen theoretischen und analytischen Rahmen sollen fundierte Erklärungen zur fehlenden Unterstützung gegenüber der EU und zu noch immer vorhandenen und stabilen Nationalismen und nationalen Sentiments möglich werden.

3.1. Renationalisierungsthese

Durch die Trends der Globalisierung und Europäisierung kam es, wie wir schon gelesen haben, zu einem Transfer nationaler Souveränität an supranationale zwischenstaatliche Institutionen. Diese Trends führen zu einem Gefühl der Entfremdung, der Unsicherheit und der Gefahr für die eigene nationale Identität. Das Faktum, dass die EU ihren Einfluss auf immer mehr Politikfelder ausdehnt und auch immer mehr heterogene Mitglieder aufgenommen hat, trägt das Seinige dazu bei. Trotz der zunehmenden Identifikation mit Europa ist die Unterstützung der EU durch die Bevölkerung europaweit mäßig. Besonders stark betroffen von diesem Phänomen ist Österreich, das in einigen Kategorien sogar EU-Schlusslicht ist, wie aktuelle empirische Daten des Eurobarometers, auf welche im vierten Teil der Arbeit genauer eingegangen wird, belegen.[260]

Weidenfeld und Wessels bieten für die mangelnde Unterstützung seitens der Bevölkerung folgende Hypothese der drei unterschiedlichen Konstrukte von Europa an: „[...] eine dramatische Erosion der Unterstützung der Bevölkerung und nationale Egoismen bestimmen gegenwärtig das Bild der großen, erweiterten Europäischen Union. [...] Die Ziele der Gründerzeit sind erreicht: Die Bedrohung aus dem Osten ist überwunden, der Binnenmarkt ist vollendet. Die Erfolge sind konsumiert. [...] Frustration und Orientierungslosigkeit haben ihre Wurzel in einem Nebeneinander dreier Konstrukte von Europa, von denen derzeit keines dominiert.“[261]

1. Das erste Konstrukt ist „das Europa des täglichen Pragmatismus“, das logischerweise entstand, weil sich das Europa der Gründungsverträge in Rom seit den 1950er-Jahren ohne Masterplan nach pragmatischen Gesichtspunkten angepasst und weiterentwickelt hat.[262] Schlussendlich befinden wir uns heute in einer politischen EU, welche die wichtigste und höchste Ordnungsform in Europa darstellt, ohne dass wir institutionelles Vertrauen innerhalb der

260 Spezial Eurobarometer 307, Welle 70.1 – *TNS Opinion & Social* (2009). Der Untersuchungszeitraum war von Oktober bis November 2008.
261 Weidenfeld, „Europäische Einigung im historischen Überblick“ (wie 18), S. 46 f.
262 Vgl. ebenda, S. 47.

breiten Bevölkerung feststellen können. Die politischen Eliten, die dieses grundlegende institutionelle Problem schon vor Jahren oder Jahrzehnten erkannt haben, scheinen bis heute machtlos zu sein, mithilfe eines Verfassungsvertrages eine institutionelle Reform der EU zu bewirken.

2. Die Vereinigung Europas durch die kontinuierlichen Erweiterungsrunden schuf das zweite Konstrukt, „das Europa der Entgrenzung". Durch die Erweiterung der EU von ursprünglich sechs auf bis zum heutigen Zeitpunkt 27 Mitglieder wurde die Vision eines vereinigten, großen Europas Realität. Damit zusammenhängend tauchten alte Kulturräume wieder auf. Plötzlich werden schon im Vergessen begriffene Spuren und Erinnerungen an das alte Habsburgerreich oder an das Osmanische Reich wieder aktuell. Dieses Europa der 27 bedeutet auf jeden Fall einen großen kulturhistorischen Wandlungsprozess, der Veränderungen für Menschen, Kulturgemeinschaften, kollektive Identitäten und Nationen mit sich bringt. Gerade die Frage des EU-Beitritts der Türkei verdeutlicht die Probleme, die damit einhergehen, und zeigt, dass die BürgerInnen nicht alle Veränderungen und Entgrenzungen mittragen werden.[263]
3. Vor das am schwierigsten rational zu lösende Problem stellt uns das dritte Konstrukt, „das Europa der mentalen Orientierungskrise". Wie in den vorherigen Abschnitten über die Konstruktion von Identität festgestellt, ist die europäische Identität national und regional höchst unterschiedlich in ihrer Beschaffenheit. So sehen Franzosen ihre nationale Identität im Verhältnis zu „Europa" ganz anders als zum Beispiel Briten. Durch die Überlagerung der europäischen Identität durch nationale Identität ist jene geprägt durch nationale Selbstverständnisse. Historische sowie ökonomische rationale Argumente reichen allein kaum aus, um ein entgrenztes Europa ohne definierte kulturelle Identität politisch und gesellschaftlich auf Dauer stabil zu halten. Der weite räumliche Rahmen der 27 ist zu groß, um einen Identitätsprozess zu erlauben.[264]

263 Vgl. ebenda.
264 Vgl. ebenda, S. 47 f.

Dieser Befund liest sich sehr ernüchternd. Es ist bezeichnend, dass sich die BürgerInnen gerade deshalb nach den traditionellen Formen von kollektiven Identitäten sehnen, weil sie sich in der Realität in Prozessen der Globalisierung und Europäisierung befinden. „Konsequent suchen Europäer neuen Halt in alten Traditionen. Das nationale Bewusstsein, die regionale Heimat, die ethnische Behausung – sie alle bieten mentale Sicherheit, nur keinen europäischen Horizont. Das Entschwinden des europäischen Horizonts wird kompensiert durch den scheinbar sicheren Zugriff auf die kleine politische Scholle."[265]

Diese „Flucht" vor der Realität von Globalisierung, Europäisierung und Entgrenzung sollte nachdenklich stimmen. Wenn man einen Blick in die Geschichte wirft, so gibt es genügend Beispiele, wo große politische Räume aufgrund von Überdehnung und Überforderung untergegangen sind. Gerade Österreich kann diesbezüglich auf eine bewegte Geschichte zurückblicken. Der Untergang des multinationalen Vielvölkerreiches der Habsburgermonarchie zeigt trotz großer Unterschiede doch auch so manche Parallelen mit der aktuellen Situation auf.[266]

Eine scheinbare Antwort auf die immer spürbarer werdenden Unsicherheiten in der Bevölkerung als Resultat der Globalisierung – und in manchen Fällen Europäisierung – bieten Nationalismen. „Die Nation ist nach wie vor die wichtigste identitätsstiftende Gemeinschaft. Ob über subjektive oder über objektive Merkmale geleitet, ob als ‚gedachte' oder ‚erlebte' Gemeinschaft vorgestellt, ob als ‚Produkt eines Prozesses der sozialen Konstruktion' oder als Ausdruck des ‚Bedürfnisses nach Wärme, Stärke und Stabilität' aufgefasst, bildet sie das

265 Ebenda, S. 48.

266 Für eine klassische Diskussion siehe: Oscar Jászi, *The Dissolution of the Habsburg Monarchy* (Chicago, 1929). In seinem Werk analysiert der Autor den Zerfall des multinationalen Vielvölkerreiches der Habsburgermonarchie. Er versucht, anhand verschiedener zentrifugal wirkender Faktoren, inklusive Nationalismus, die Auflösung der Loyalitäten zum Reich zu erklären. Andererseits geht er in seiner Analyse auch auf die verschiedenen Zentripetalkräfte ein. Dabei ist interessant, dass er bei der multinationalen Armee und der imperialen Beamtenschaft in Wien, ähnlich wie heute bei EU-Beamten in Brüssel, einen supranationalen Geist identifiziert. Auch werden der Kapitalismus, der Freihandel und die Währungsunion mit ihren Vorteilen, aber auch Nachteilen für die multinationale Gesellschaft analysiert.

Band der Zugehörigkeit."[267] Diese Nationalismen sind besonders bei Staaten Mittel- und Osteuropas zu beobachten. Ähnliches gilt auch für Österreich. Die Zusammensetzung von nationalen Identitäten ist sehr komplex, sodass man nicht von „der Nation" ausgehen kann. Hilfreich ist, wenn man die verschiedenen Bezugsmuster im Kopf behält, auf die in den Nationalismustheorien schon eingegangen wurde: „Identitäten haben verschiedene Bezugsmuster, die in der Region, der Ethnie, der Religion etc. verhaftet sein können. [...] Nationalismus als integrierende Kraft ist nur da möglich, wo Identitäten nationalstaatliche Bezüge aufweisen."[268]

Und genau diese zentrale Annahme – der ideologische Bezug zu einem territorialen Staat – macht das Konzept des Nationalismus so entscheidend für die Ablehnung gegenüber der EU: Wenn man diese Logik auf den Nationalstaat umlegt, so bedeutet dies, dass Nationalismus nur deshalb integrierend für den Staat wirkt, weil die damit verbundene Identität nationalstaatliche Bezüge aufweist. Das heißt, es gibt einen emotionalen, kulturellen, ethnischen, historischen oder irgendeinen anderen sozial verbindend wirkenden „Link", der sich auf die StaatsbürgerInnen dieses Staates, der als territorial und souverän definiert ist, bezieht.

Eine Erklärung für die Wirksamkeit von nationalen Bindungen kann das oben diskutierte Konzept des „Ethno-Symbolismus" von Anthony D. Smith liefern. Trotz der Tatsache, dass nationale Identitäten sowie „Nationen" an sich soziale Konstrukte sind und sich in der Regel auf viele erfundene Elemente wie „erfundene Traditionen", umgedichtete und national interpretierte Geschichtsschreibung, national instrumentalisierte Mythen und Symbole beziehen, so sind doch manche Elemente extrem wirksam und für die Dauerhaftigkeit dieser kollektiven Identitäten entscheidend. Dies macht Nationalismen trotz aller Modernisierung und Individualisierung der Gesellschaften in Europa so unverwüstlich. „Die Gründe für die viel stärkere emotionale Bindung des einzelnen an die Nation liegen nach Anthony D. Smith in Gegebenheiten nationaler Identität: historisches Territorium als Heimatland, gemeinsame Mythen und geschichtliche Erinnerungen, eine gemeinsa-

267 Pfetsch, *Das neue Europa* (wie 88), S. 46.
268 Ebenda, S. 47.

me Massenkultur, gemeinsame Rechte und Pflichten für alle Bürger und ein gemeinsamer Wirtschaftsraum mit territorialer Mobilität [...]. Diese Merkmale seien lebendig, zugänglich, lange etabliert und popularisiert."[269]

Eine wichtige Funktion für die Etablierung und Popularisierung dieser Elemente ist das staatliche Bildungssystem. Dadurch wurde eine „Nationalisierung" der breiten Massen überhaupt erst möglich. Auch die modernen Massenmedien ermöglichten eine durchdringende Nationalisierung der breiten Bevölkerung. Gerade neuere Staaten suchten nach ihrer Gründung ihren Zusammenhalt durch nationale Identität zu erreichen. Beispiele hierfür sind die Staaten, die ihre Unabhängigkeit durch den Zusammenbruch der UdSSR erreichten, und viele afrikanische Staaten im Rahmen der Dekolonialisierung sowie auch neu gegründete Staaten nach den beiden Weltkriegen. Ein Beispiel hierfür sind auch die politischen Bemühungen in Österreich nach 1918 sowie nach 1945, durch eine gezielte Bildungspolitik eine bestimmte Formation der nationalen Identität in der breiten Bevölkerung zu implementieren. Von Erfolg gekrönt waren die Bemühungen einer Nationalisierung der österreichischen Bevölkerung besonders ab den 1950er-Jahren, wie im vierten Kapitel noch genauer ausgeführt wird.

3.2. Mangelnde Legitimation?

Zu den im Diskurs über die Probleme und Schwächen der EU am häufigsten vorgebrachten Einwänden gegen eine politische Union gehören das „Demokratiedefizit" der EU, deren mangelnde Bürgernähe, der ungezügelte Zentralismus Brüssels sowie das grundlegende Problem der mangelnden Legitimation.

In der politikwissenschaftlichen Theorie unterscheidet man im Grundprinzip drei Arten von Legitimation: „Input-Legitimation" (durch Zustimmung und Unterstützung der BürgerInnen zur Politik der Regierung zum Beispiel mithilfe von Wahlen), „Output-Legitimation" (Unterstützung der BürgerInnen für die Regierung aufgrund von

269 Frank R. Pfetsch, *Die Europäische Union. Geschichte, Institutionen, Prozesse.* 3. Auflage (Paderborn; München, 2005), S. 114.

Leistungserfolgen ihrer Politik) und „soziale Kohärenz" (Zusammengehörigkeit, Gemeinsinn).[270] Frank R. Pfetsch nennt diese drei Formen der Legitimation „konstitutive Elemente für die Legitimationsbeschaffung in einem Politiksystem"[271]. Nun, vielleicht finden wir durch dieses Modell einen Hinweis auf die Kritik der fehlenden Legitimation der EU.

Wie sieht es mit der „Input-Legitimation" aus? Zum bekannten Schlagwort „Demokratiedefizit" gibt es in der wissenschaftlichen Fachliteratur diverse Lösungsansätze und Theorien, wie man diese realen Schwachpunkte, die aus der Historie der institutionellen Entwicklung der EU entstanden sind, verbessern könne. Es gibt immer wieder strategische Initiativen der europäischen Eliten, um die EU institutionell zu reformieren. Hier lautet einer der häufigsten Einwände, die EU sei ein Elitenprojekt, und auch die Reformen seien „von oben" gesteuert. Nun ja, das ist richtig. So gut wie alle Einigungs- und Integrationsprojekte in der Geschichte waren von Eliten initiiert und gesteuert. Die Kritik des Elitismus bezieht sich zum Teil auf Ideen und Idealen der „Demokratie". Das Konzept der „Demokratie" ist weder in der Wissenschaft noch in der politischen Praxis eindeutig definiert. Wo die einen direkte Demokratie als Idealtyp sehen, betrachten andere, gerade bei sehr großen politischen Einheiten, repräsentative Formen von Demokratie als Ideal.

> [A] crucial question is how far democracy in its most widespread sense as an electoral and parliamentarian check on government can go in a Union of states based on multilevel governance. The problem is whether the interests and ideals of the peoples of Europe are better served by continuous checks of that kind […] or by the continuation and acceleration of an integration that, beneficial to all as it has proved to be, cannot but be elite driven; all the more given the ultra-complex and for the common citizens difficult-to-comprehend nature of the odd EU beast.[272]

270 Vgl. Pfetsch, *Das neue Europa* (wie 88), S. 116 ff.

271 Ebenda, S. 117.

272 Furio Cerutti, „Why political identity and legitimacy matter in the European Union", in: Furio Cerutti & Sonia Lucarelli (Hrsg.), *The search for a European identity. Values, policies and legitimacy of the European Union* (London, 2008), S. 16.

Gerade in diesem Bereich der Input-Legitimation von EU-Politik zeigt sich auch die Problematik, wenn man die EU nach nationalstaatlichen Kriterien evaluiert. Die EU ist nun einmal kein Nationalstaat und muss ihre Legitimation anders finden als die Regierung eines klassischen Nationalstaats, der seine Legitimation aus dem (abstrakten Konstrukt eines) Volkswillens und der übertragenen Souveränität des Volkes bezieht. Auf europäischer Ebene sollte klar sein, dass es in der nächsten Zeit zu keinem einheitlichen „europäischen Demos" als Ersatz zum „nationalen Demos" kommen wird. Gerade weil es aber in der aktuellen institutionellen Form der EU das „Subsidiaritätsprinzip" sowie das Prinzip der indirekten, weil auf nationalstaatlicher Ebene vorhandenen Partizipation und Verantwortlichkeit der Regierungen gibt, sind durchaus Elemente für „Input-Legitimation" vorhanden.

Bezüglich der Rolle von „Output-Legitimation" muss man sagen, dass die Leistungen der EU, vor allem im wirtschaftlichen Bereich, für lange Zeit genug Legitimität geschaffen haben, um die Unterstützung der Bevölkerung zu gewährleisten Gerade in der Zeit der Wirtschaftskrise ab Herbst 2008 wurde wieder einmal klar, dass ökonomische Kriterien eine wichtige Rolle bei der Bewertung der EU durch die BürgerInnen spielen.

Hier jedoch kommt die dritte Form der Legitimation ins Spiel. Das Beispiel der EU-Referenden in Irland, Frankreich und den Niederlanden macht deutlich, dass zwischen Fakten, rationalen Entscheidungen und subjektiven Motiven, Perspektiven und Einstellungen oft gewichtige Unterschiede bestehen. Der Integrationsprozess befindet sich an einem Punkt, wo die Legitimität der politischen Kompetenzen der EU von einem großen Teil der europäischen BürgerInnen bezweifelt wird. An dieser Stelle ist es sinnvoll, die Legitimität der zunehmenden Kompetenzen (immer mehr Policy-Felder werden europäisiert) zu diskutieren und nicht die Legitimation der EU per se. Umfragen zeigen, dass nur ein kleiner Teil der EuropäerInnen die EU als Ganzes ablehnen. Die Mehrheit – 54 Prozent waren es im Dezember 2008 – spricht sich sogar deutlich für eine weitere Vertiefung „der" europäischen Integration aus. Jedoch darf man auch die 19 Prozent der Bevölkerung nicht außer Acht lassen, denen die bisherige Integration schon zu weit geht.[273]

Wie kann man dieses Problem der in den Augen der Bevölkerung (im Gegensatz zum Großteil der europäischen Elite) mangelnden Legitimität der zunehmenden Kompetenzen der EU erklären? Eine wichtige Antwort scheint in der dritten Form der Legitimation zu liegen, der „sozialen Kohärenz". Einen Hinweis darauf gab uns schon Jacques Delors, Präsident der Europäischen Kommission von 1985 bis 1995, als er sagte, dass sich Menschen nicht in Märkte verlieben. Er war es auch, der für die Dynamik der Integration entscheidende politische Programme initiierte und auch als „Gründungsvater des Euro" gilt. Unter Delors schloss die Europäische Kommission die Gründung der Economic and Monetary Union (EMU) im Rahmen des Vertrags von Maastricht (1992) ab und unterstützte die rasche Abwicklung der deutschen Wiedervereinigung im Rahmen der europäischen Einigung. Das Ende seines Mandates war geprägt von der dritten EU-Erweiterungsrunde als im Jahr 1995 die EU-12 die drei neuen Mitgliedstaaten Österreich, Finnland und Schweden aufnahmen.[274] Dies macht auch deutlich, wie sehr die europäische Integration – so wie alle historischen Integrationsprojekte – von Überzeugungen, Strategien und Fähigkeiten ihrer Eliten und einzelnen PolitikerInnen abhängig ist.

Was ist es genau, was Delors und viele andere mit diesen Programmen erreichen wollten? Es ist auf jeden Fall eine Verbreiterung und Vertiefung der Identifikation mit der EU, was in der Folge zu einer persönlichen Bindung sowie zu Loyalität gegenüber der EU führen sollte. „Improving the legitimacy of the EU would require fostering a sense of belonging among the citizens of the national member states. But this is not guaranteed by economic policies alone, however successful they might be."[275] Was als Grundlage eben geschaffen werden muss, ist soziale Kohärenz. Dabei handelt es sich nicht um Homogenisierungsforderungen zur Bildung eines europäischen *Demos*, sondern

273 Vgl. Eurobarometer, *The 2009 European Elections: Summary of the results of a recent Eurobarometer survey* (Dezember 2008).

274 European Parliament, „Jacques Delors. Architect of the modern European Union", in: *European Union History Series (2020)* [https://www.europarl.europa.eu/RegData/etudes/BRIE/2020/652009/EPRS_BRI(2020)652009_EN.pdf (26.08.2022)]

275 Castano, „European Identity: A Social-Psychological Perspective" (wie 226), S. 41.

es geht um die Notwendigkeit eines Zusammengehörigkeitsgefühls auf europäischer Ebene.

Nun schließt sich schön langsam der Kreis. Eine wichtige Voraussetzung für den Zusammenhalt einer Gemeinschaft ist eine gemeinsame Identität, die wiederum von einer als gemeinsam empfundenen Kultur abhängig ist. „Identität schöpft aus dem kulturellen Reservoir, eine gemeinsam empfundene Kultur bildet die Basis für Identität. Kulturelle Vielfalt kann allerdings zu unterschiedlichen Identitäten führen, die entweder inklusiv oder exklusiv sind. Die abweichenden oder widersprüchlichen Elemente der verschiedenen Identitäten dürfen jedoch nicht das Wir-Gefühl des politischen Körpers in Frage stellen.“[276] Dieses „Wir-Gefühl“ des politischen Körpers ist für die soziale Kohärenz der EU entscheidend. Es spielt also auch die Kultur beziehungsweise es spielen die Kulturen eine entscheidende Rolle, wenn es um die Bildung einer politischen Gemeinschaft mit Zusammengehörigkeitsgefühl geht. Aber nicht nur die Identität basiert auf kulturellen Faktoren, sondern auch die Politik im Allgemeinen. „Kultur ist die ‚Seele‘ der Politik und Grundlage sowie Ausdruck des Wertesystems der politischen Gemeinschaft. Kultur gibt der Politik Inhalt, Verständigung und wahrgenommene Einheit. […] Politik erhält durch identitätsbildende Kultur Legitimation […].“[277] Eine als gemeinsam empfundene Kultur sowie eine gemeinsame Identität sind also Grundvoraussetzungen für eine politische Gemeinschaft, demnach auch für eine politische Europäische Union.

Wie gelingt es nun PolitikerInnen oder unterschiedlichsten FührerInnen, Identitäten zu politisieren? Oft genug gelingt es PolitikerInnen und anderen Personen mithilfe von nationalen Identitäten, Nationalismen zu schüren, diese exklusiv und gegen andere Gruppen zu definieren und für bestimmte Zwecke (diese können zum Teil beträchtliche Unterschiede aufweisen) zu instrumentalisieren. Wichtig ist festzuhalten, dass, obwohl Identität eine doppelte Realität hat, nämlich die der Tatsachen und jene der Perzeption der Tatsachen, sie auch ihre Grenzen hat. „Identität kennt auch eine objektive Komponente, nämlich die

276 Pfetsch, *Das neue Europa* (wie 88), S. 122.
277 Ebenda, S. 120.

der Ethnien, der Kulturen, des Sozialen und Ökonomischen, Faktoren also die in Raum und Zeit eine gewissen Konstanz aufweisen."[278]

Nationale Identität hat durch ihre Elemente, die bei manchen Personen bis tief ins „Selbstkonzept" des Individuums hineinreichen und deren emotionale Behaftung schon im Alter von 6 Jahren ausgebildet wurde, bei vielen Menschen eine enorme Wirkung. Gerade die sozialpsychologischen Elemente wie Emotionen und positive Gefühle sowie die Verbindung zur Kultur, zu Traditionen und Werten machen Identitäten nur schwer zugänglich für Rationalisierungen. Einerseits macht genau dies die stabilisierende Wirkung von Identität auf Politik und soziale Gemeinschaft aus. Andererseits kann diese Loyalität auch für machtpolitische Zwecke missbraucht werden. Gerade die in den letzten Jahren aufkommenden Formen von nationalen Populismen (vor allem des Rechtspopulismus) bedeuten in vielen Ländern der EU, unter anderem auch in Österreich durch die FPÖ, eine Reaktivierung von Nationalismus und die Verstärkung von exklusiver nationaler Identität.

Nun haben wir schon festgestellt, dass die nationale Identität bei vielen BürgerInnen tief verwurzelt in der sozialen Konstruktion des individuellen „Selbst" ist. Es ist daher ein Teil vom Selbstverständnis und eine wichtige Basis, um Selbstwertgefühl und Selbstrespekt zu bekommen und durch Vergleiche und Abgrenzungen auch zu verbessern. Wie wir auch schon festgestellt haben, ist es situationsabhängig, welche Elemente und Muster aktiviert werden. Jedoch zeigen die aktuellen Trends von Nationalismen in Europa, dass bei einem signifikanten Teil der Bevölkerungen nationale Identitätsmuster eine viel wichtigere Rolle einnehmen als die europäischen.

Eine europäische Identität, welche die Basis für eine emotional bindende Solidargemeinschaft und stabile Loyalitäten gegenüber der EU bereitstellen kann, müsste mit all ihren Werten und identifikatorischen Merkmalen integraler Bestandteil der persönlichen „Selbstkonzepte" der BürgerInnen sein. Europäische Identität als soziale Identität definiert Henri Tajfel als „that part of the individual's self-concept which derives from his knowledge of his membership of a social group (or

278 Ebenda, S. 113.

groups) together with the value and emotional significance attached to that membership"[279]. Bei diesem Ansatz der Analyse kann man deutlich erkennen, wieso rationale ökonomische Vorteile allein nicht genügen, um die BürgerInnen emotional von der EU zu überzeugen. Dabei geht es um die subjektiven Aspekte der sozialen Identifikation. Wie Benedict Anderson in seinem subjektiven Nationalitätskonzept gut erkennt, handelt es sich bei sozialen kollektiven Identitäten um *imagined*, vorgestellte Gemeinschaften. Bei den Nationen ist es so, dass die Mitgliedschaft in dieser Gruppe, in der Nation, zentral für die Selbstdefinition ist. Dass niemand elementare Teile seiner Selbstdefinition einfach so von heute auf morgen über Bord wirft, ist klar.

Wichtig für die grundlegende Identifikation, die zumindest zur Akzeptanz der EU als Ordnungsform führen kann, ist ihre psychologische Existenz als Gemeinschaft in den Köpfen der Menschen. Eines ist klar: Für eine persönliche, emotionale Bindung der Individuen an Europa, ähnlich wie an die Nationen, fehlen bisweilen einige Voraussetzungen. Auf diese hier einzugehen, würde zu weit führen und den Rahmen der Arbeit sprengen. Entscheidend ist, dass auf europäischer Ebene die kulturellen Voraussetzungen für eine solch starke Identifikation im Moment nicht gegeben sind.

Eher werden durch die moderne Staatlichkeit der Nationalstaaten Voraussetzungen für bleibende primäre nationale Identitäten und Nationalismen in Europa geliefert. Die staatlichen Bildungssysteme stellen nationale „Erziehung" und Identitätsbildung sicher. Gerade die klassische Staatsbürgerkunde und Heimatkunde zeichnen sich hier aus. Auch der Geschichtsunterricht, wo gezielt nationale Mythen, Gründungslegenden, nationale Helden und Schlachten (auch die wichtigen ethno-symbolischen Elemente) „gelehrt" und geprüft werden, sichert den Weiterbestand der „Nation". Natürlich ist der Bildungsauftrag universell zu verstehen. Ob die Bundeshymne im Musikunterricht, die Nationalflagge im Zeichenunterricht, die nationalen „Klassiker" im Unterricht der Muttersprache oder die nationalen ErfinderInnen im

279 Henri Tajfel, *Human Groups and Social Categories: Studies in Social Psychology* (Cambridge, 1981), S. 255, zit. nach: Castano, „European Identity: A Social-Psychological Perspective" (wie 226), S. 41. Für genauere Erklärungen siehe den o. g. Titel von Henri Tajfel.

Physikunterricht – überall lassen junge Menschen gerne ihr Selbstwertgefühl durch diese Elemente nationaler Identität heben.

Zu guter Letzt ist auch die Mediengesellschaft ideal, um nationale Perspektiven zu vermitteln und das nationale Publikum dabei auch noch zu befriedigen, was sich auch mit der Angebot-Nachfrage-Logik des Kapitalismus deckt. Logischerweise werden in den Medien vor allem nationale und keine europäischen Informationen verbreitet. Das Publikum fragt diesen national ausgerichteten Schwerpunkt ja auch nach und kann sich nur spärlich für sachliche Berichte aus dem weit entfernten Brüssel oder Straßburg begeistern.

Ob Politik, Kultur oder Sport – die nationale Sphäre steht deutlich im Mittelpunkt des medialen Interesses. Und wenn dann doch einmal über die EU berichtet wird, dann nur aufgrund der Medienlogik, nach der *bad news* oder Konflikte im Mittelpunkt stehen und nationale Vorbehalte gegenüber der EU zumeist bestätigt werden. In den Boulevardblättern der einzelnen Mitgliedstaaten entwickeln sich von Zeit zu Zeit sogar wahre internationale Medienschlachten.[280] „To be sure, the EU does not receive the same attention as individual nations in the media. [...] When it does receive attention, it is because of internal disputes between the representatives of its member states, or their inability to reach a common position in the international arena."[281]

3.3. Public Opinion und europäische Integration

Duale Identifikation mit dem Mitgliedsland sowie mit der EU ist heute die Regel. Auffällig sind die Veränderungen hin zu „hybrider" oder „dualer" Identität. „From 1991 to 2000, the number of those who felt attachment to their nation-state only declined by almost 20 percent across the EU fifteen, while the percentage of those who perceived some sense of belonging to their nation state *and* to Europe increased

280 Beispiele hierfür sind die Kampagnen in der österreichischen Tageszeitung „Kronen-Zeitung" gegen Tschechien (Temelin, Beneš-Dekrete) oder die Hetzkampagne eines polnischen Boulevardblattes, das mit nationalistischen Karikaturen und Schlagzeilen im Vorfeld des Fußballspiels Polen gegen Deutschland bei der Fußball-Europameisterschaft 2008 für Aufsehen sorgte.

281 Castano, „European Identity: A Social-Psychological Perspective" (wie 226), S. 43.

by about the same number."[282] Grundsätzlich teilt sich die breite Masse bezüglich ihrer Identitäten in zwei Lager: diejenigen, welche sich exklusiv, also allein mit ihrer Nation identifizieren, und andererseits die Personen, welche sich selbst an beides – an die Nation und an Europa – gebunden fühlen.

Diese zunehmende Identifikation mit Europa bedeutet jedoch nicht eine automatische Auflösung und das finale Verschwinden von Konflikten zwischen nationalen Identitäten sowie zwischen nationaler und europäischer Identitätsebene. Nur weil sich immer mehr Menschen mit Europa identifizieren, heißt dies nicht, dass es zwangsläufig zu einer größeren Unterstützung und Loyalität der BürgerInnen gegenüber der EU kommt. „It [die europäische Identität] can and should be conceived as multi-level or multi-layered [...], comprising global and national (and possibly regional and local) attachments as well. These diverse attachments may to some extent remain in conflict, with different levels and dimensions becoming salient in different situations."[283]

Wie die nachfolgende Theoretisierung zeigen wird, spielt bei vielen gegenüber der EU äußerst negativ eingestellten Personen die Dominanz der nationalen Ebene beim Aufbau und der Aktivierung der individuellen Identität eine wichtige Rolle. Dass unter anderem die Sozialisation ein wichtiger Faktor für die Einstellung gegenüber der EU ist, wurde im Verlauf der Arbeit schon deutlich. Die empirischen Zahlen belegen, dass die europäischen Institutionen sowie die Bildung einen signifikant positiven Einfluss auf die Haltung der Personen gegenüber der EU haben. Daraus folgt eine immer größer werdende Kluft zwischen der europäischen Elite – 94 Prozent unterstützten die EU nach Daten aus dem Jahre 1998 – und der breiten Masse der Bevölkerung – hier wurden knapp mehr als 50 Prozent angegeben –, wenn es um die Unterstützung gegenüber der EU geht.[284] Die daraus für diese Personengruppen entstehenden gegensätzlichen sozialen Realitäten stehen ganz klar einer „sozialen Kohärenz" entgegen, wel-

282 Vgl. Risse, „European Institutions and Identity Change: What Have We Learned?" (wie 102), S. 260 f.

283 Martin Kohli, „The Battlegrounds of European Identity", in: *European Societies*, Ausg. 2, Nr. 2 (London, 2000), S. 113–137, hier S. 126.

284 Vgl. Risse, „European Institutions and Identity Change: What Have We Learned?" (wie 102), S. 260.

che nur auf die europäische Elite zutrifft. Insofern kann man die Kritik der mangelnden Bürgernähe von EU-Eliten durchaus nachempfinden.

Welche Faktoren spielen bei der EU-Ablehnung gegenüber der EU noch eine besonders signifikante Rolle? Hier unterscheidet man in der Literatur zwischen rationalen Faktoren, die auf individueller Kosten-Nutzen-Rechnung basieren, und nicht rationalen Faktoren, welche die Einstellung der Personen bezüglich der EU beeinflussen, wie zum Beispiel Identitäten, Werte, Loyalitäten und soziale Bindungen. Auch wenn lange Zeit davon ausgegangen wurde, dass der Prozess der europäischen Integration mit der daraus folgenden zunehmenden europäischen Identität automatisch zu einer größeren Unterstützung der EU führt, so kann man heute doch feststellen, dass es aktuelle Tendenzen gibt, die dem widersprechen und insbesondere nationale Identitäten als ein wichtiges Element des Widerstandes gegenüber der EU erkennen.[285]

3.3.1. Rationale Faktoren

Im folgenden Teil wird das Argument, dass eine exklusive nationale Identität und ihre Verankerung im Selbstverständnis vieler EU-GegnerInnen – neben ökonomischen Erwartungen – Hauptfaktoren für deren EU-Ablehnung sind, genauer ausgeführt. Es ist ein Faktum, dass rationale ökonomische Überlegungen bei Individuen eine wichtige Rolle bezüglich ihrer Einstellungen gegenüber der EU einnehmen. Neuere Studien von Matthew Gabel und Kollegen, welche auf David Eastons „Rational-Choice-Modell" basieren, belegen deutlich, dass EU-Zustimmung vor allem auf ökonomischen Nutzen zurückzuführen ist.[286]

Wie Gabels Daten bestätigen, lassen sich gewisse Gruppen von EU-BefürworterInnen und -GegnerInnen anhand ökonomischer Faktoren

285 Vgl. Smith, „National Identity and the Idea of European Unity" (wie 147), S. 55–76.

286 Vgl. Sean Carey, „Undivided Loyalties: Is National Identity an Obstacle to European Integration?", in: *European Union Politics*, Ausg. 3, Nr. 4 (London, 2002), S. 387–413, hier S. 389.

erklären. Persönliche Attribute, die sich als besonders förderlich für die Unterstützung gegenüber der EU erwiesen haben, sind ein hoher Grad an Bildung und Einkommen, eine höhere berufliche Stellung und die Unterstützung der regierenden Partei. Hier stechen zum Beispiel besonders ManagerInnen, Studierende und AkademikerInnen hervor. Als negativ beeinflussend wurden geringe Bildung, eine niedrige Stellung im Beruf, Arbeitslosigkeit und geringes Einkommen festgestellt. Auch werden Frauen in der Studie als eher EU-kritisch gesehen.[287] Auch andere Longitudinalstudien bestätigen diese rationalen Faktoren auf der Individualebene.

Wenn man die Europäisierung als Teil der Globalisierung versteht, so kann man nach Ulrich Beck gut erklären, weshalb gerade Sozialstaaten, wie zum Beispiel Frankreich oder Österreich, besonders zu den ökonomischen „Verlierern" zählen. Da sich die wirtschaftliche Entwicklung durch europäische sowie globale Trends immer mehr der nationalen Kontrolle entzogen hat, aber die von der Bevölkerung oft als negativ empfundenen Folgen wie Massenmigration, verschärfter Wettbewerb, „Lohn- und Steuerdumping", Steuerharmonisierung nach „unten", Arbeitslosigkeit und Armut sich für den Sozialstaat als äußerst belastend erwiesen haben, kommt es zunehmend zur Ablehnung weiterer „Denationalisierung" und in der Folge zu Nationalismus.[288]

Die meisten auf rationalen ökonomischen Faktoren aufbauenden Theorien und Erklärungen hinsichtlich Einstellungen gegenüber der EU nehmen als Grundvoraussetzung an, dass die Öffentlichkeit genug weiß, um die Folgen der europäischen Integration realisieren und prognostizieren zu können. Dem widerspricht aber Christopher Anderson, indem er zeigt, dass bei so gut wie allen Studien über das Wissen der BürgerInnen über den Integrationsprozess der EU ans Licht kommt, dass diese nicht ausreichend informiert sind und die einzelnen As-

287 Vgl. Matthew Gabel, „Public Support for European Integration: An Empirical Test of Five Theories", in: *The Journal of Politics*, Ausg. 60, Nr. 2 (1998), S. 333–354.

288 Vgl. Ulrich Beck (Hrsg.), *Was ist Globalisierung? Irrtümer des Globalismus: Antworten auf Globalisierung*. 5. Auflage (Frankfurt am Main, 1998).

pekte der Integration nicht evaluieren können.[289] Anderson schlägt hingegen in seiner Theorie vor, dass Individuen ihre Einstellungen nicht durch individuelles rationales Abwägen der eigenen Vor- und Nachteile, sondern durch stellvertretende Faktoren, wie zum Beispiel eine Systemunterstützung oder eine Unterstützung der Regierung, ausformen. Dies hieße, wenn ein Bürger oder eine Bürgerin die nationale Regierung unterstützt, so wirkt sich dies positiv auf dessen oder deren Unterstützung der EU aus.[290]

Im Gegensatz dazu stehen die Forschungsergebnisse von Sánchez-Cuenca aus dem Jahr 2000, dessen Studie besagt, dass Individuen, wenn sie eine schlechte Meinung vom eigenen politischen System oder der eigenen nationalen Regierung haben, eine tiefergehende europäische Integration als positiv und der nationalen Korruption entgegenwirkend sowie den unterentwickelten Wohlfahrtsstaat bereichernd ansehen.[291] Diese empirischen Ergebnisse lassen den Schluss zu, dass die unterschiedlichen nationalen Ausgangssituationen für die individuellen rationalen Entscheidungen von größter Bedeutung sind. Umgelegt auf Österreich ist es wahrscheinlich, dass die Menschen wegen des stark ausgeprägten Wohlfahrtsstaates die EU bezüglich deren Auswirkungen eher negativ sehen und in Staaten, deren Wohlfahrtssysteme unterentwickelt sind, diese Harmonisierungen eher positiv von der Mehrheit der Menschen beurteilt werden. Dasselbe gilt für die SystemkritikerInnen beziehungsweise -befürworterInnen. Ein zweiter für diese Arbeit wichtiger Schluss ist der, dass man, obwohl die Wirkung von rationalen Überlegungen eine Rolle spielt, die Ablehnung besonders in Österreich nicht damit begründen kann. Vielmehr deutet die Mehrheit der aktuellen Studien darauf hin, dass nationale Unterschiede in Traditionen und Identität entscheidenden Einfluss auf die Einstellung der BürgerInnen haben.

289 Christopher J. Anderson, „When in Doubt, Use Proxies: Attitudes toward Domestic Politics and Support for European Integration", in: *Comparative Political Studies*, Ausg. 31, Nr. 5 (1998), S. 569–601.

290 Vgl. Carey, „Undivided Loyalties: Is National Identity an Obstacle to European Integration?" (wie 286), S. 390.

291 Vgl. ebenda.

3.3.2. EU-Ablehnung aufgrund von Identität und Einstellungen

Deflem und Pampel fanden in ihrer Studie aus dem Jahr 1996 heraus, dass Unterschiede bezüglich der Unterstützung der EU zwischen Ländern weit wichtiger sind als individuelle Faktoren.[292] „Even in an era that celebrates consumerist and individualist values, few would maintain that self-identification at the collective level is the consequence solely of perceived material benefit (cf. Risse, 2001)."[293] Die oben diskutierte Theorie von Tajfel, welche die nationale Identität, also die eigene Mitgliedschaft im Kollektiv der Nation, als Teil des Selbstbildes einer Person erklärt, gibt Aufschluss über die Wichtigkeit der nationalen Identität für manche Personen. Wichtig bei der Erstellung dieses Gesamtkonzeptes ist, nicht zu vergessen, dass jedes Individuum anders ist. Jedoch geht es hier darum, auf abstrakter, theoretischer Ebene eine Erklärung für die Ablehnung gegenüber der EU zu finden. Darum steht bei der Konzeptualisierung vor allem die Gruppe der EU-KritikerInnen im Fokus.

Die vorangegangen Fakten deuten darauf hin, dass der Souveränitätsverlust – auf realer sowie auf symbolischer Ebene – für manche Individuen von großer Bedeutung ist. „As Taggart (1998) claims, one important reason for Euroscepticism stems from identity politics, in which people see the nation-state as the appropriate point of reference for identity and the EU as undermining the integrity of the nation-state."[294] Dies lässt den Schluss zu, dass diejenigen Individuen, für deren Selbstkonzept die nationale Identität eine große Rolle spielt, bei als Bedrohungen der nationalen Integrität empfundenen Souveränitätsabgaben ihres Nationalstaates, also bei der Vertiefung der europäischen Integration, nationalistische Reaktionen zeigen und zur Ablehnung gegenüber der EU neigen.

> This is because the EU is not just a free trade zone, but rather is making policies that were formerly within the prerogative of the nation-state. And it is likely to be seen as having a homogenizing effect on the member

292 Vgl. ebenda, S. 391.

293 Castano, „European Identity: A Social-Psychological Perspective" (wie 226), S. 40.

294 Lauren M. McLaren, „Public Support for the European Union: Cost/Benefit Analysis or Perceived Cultural Threat?", in: *The Journal of Politics*, Ausg. 64, Nr. 2 (Mai 2002), S. 551–566, hier S. 554.

> states. The uniqueness of national cultures and the exclusive control over the resources of the nation-state are, in turn, seen as being under threat by the EU. Thus, the same people who fear such changes from minority groups living in the country, for instance, are very likely to fear similar changes resulting from the process of European integration [...].[295]

Diese Feststellungen lassen darauf schließen, dass die EU von gewissen Personen als Bedrohung ihrer nationalen Identität wahrgenommen wird. Im Rahmen der kollektiven Identität ist die Kultur, der man sich zugehörig fühlt, extrem wichtig. Da, wie in den vorangegangenen Abschnitten ausgeführt, die nationale kollektive Identität besonders wichtig für das Selbstkonzept von Personen sein kann, ist es nicht verwunderlich, dass die Verteidigung elementarer Teile des eigenen Selbstkonzeptes von großer Bedeutung für Individuen sein kann. „In this case, it is protection of the in-group (the nation) and the group identity that is at stake."[296] Wenn man nun das Konzept der „Nation" und der nationalen Identität in seiner Komplexität und Widerstandsfähigkeit genauer betrachtet, so verwundert es nicht, dass Nationalisierung der Öffentlichkeit unter bestimmten Bedingungen zu EU-Ablehnung führen kann.

3.3.3. Unterschiedliche kollektive Identitäten und Verteidigung der *in-group*

In der Geschichte Österreichs lassen sich Erfahrungen mit der multinationalen Monarchie durchaus einbringen. So ist beispielsweise interessant, dass schon lange bevor von Renationalisierungstendenzen durch „Europäisierung" die Rede war, Karl Kautsky festgestellt hat, dass, seiner Meinung nach, die Eisenbahnen in der Habsburgermonarchie die größten Erzeuger von nationalem Hass waren.[297] Generelle Charakteristika von Reaktionen auf das Aufeinandertreffen unterschiedlicher kollektiver Identitäten können uns einen wertvollen Hinweis auf die Funktionsweise von exklusiven Identitäten und deren

295 Ebenda.
296 Vgl. ebenda, S. 555.
297 Vgl. Smith, „National Identity and the Idea of European Unity" (wie 147), hier S. 71.

Abgrenzung zu „anderen" gesellschaftlichen Gruppen liefern. Ein auf diesem Gebiet häufig untersuchtes Feld ist das der Migration. Dazu heißt es in Martin Kohlis Arbeit aus dem Jahr 2000: „It may reinforce national identifications, not only among the host population but also among the migrants themselves, who by their experiences of exclusion are led to reappropriate their roots through forms of ‚absentee nationalism' […]. On the other hand, identification may remain contentious and situationally contingent."[298]

Es gibt also verschiedene Möglichkeiten, wie Individuen auf diese Veränderungen durch die europäische Integration reagieren können. Europa dient als Objekt, das die sogenannte *hybrid identity* hervorbringt, und welches diese Identitätskonflikte in sich aufnimmt. Gerade Menschen, die eine starke emotionale Bindung zur Nation und eine exklusive nationale Identität haben, zeichnen sich durch Ablehnung der EU aus. McLaren deutet mit den Ergebnissen ihrer Studie (2002) darauf hin, dass eine gefühlte kulturelle Bedrohung ein wichtiger Faktor für EU-Kritik ist. „The analysis here indicates that attitudes toward the European Union tend to be based in great part on hostility toward other cultures."[299]

Einen weiteren Hinweis auf die Rolle von nationalen Identitäten in unterschiedlichen kulturellen Gesellschaften und deren Reaktionen auf andere „kollektive Identitäten" erhalten wir von Beobachtungen anderer Fallbeispiele. Nicht überall führt das Aufeinandertreffen unterschiedlicher Identitäten zu deren Verschärfung und Verhärtung. Eine Studie über das Grenzgebiet zwischen Frankreich und Deutschland – Elsass-Lothringen – zeigte beispielsweise die Herausbildung einer starken europäischen Identität. Die Bevölkerung zeichnete sich durch ein im gesamtnationalen Vergleich überdurchschnittlich hohes Maß an gegenseitigem Vertrauen aus. Auch wenig gebildete Personen wiesen hier eine verhältnismäßig große Unterstützung von Europa auf. „The difference between population at large and border population is grea-

298 Kohli, „The Battlegrounds of European Identity" (wie 283), S. 126.

299 M. McLaren, „Public Support for the European Union: Cost/Benefit Analysis or Perceived Cultural Threat?" (wie 294), S. 564.

test for those strata which have less sympathy for Europe and for their neighboring country, namely those with lower levels of education."[300]

In diesem Fall verhalf die europäische Identität dazu, dass die Differenz der unterschiedlichen nationalen Identitäten trotz der historisch belasteten Vergangenheit durch eine inklusive, tolerante sogenannte „hybride Identität" abgebaut werden konnte. „[...] Europe offers an object for identification which transcends these conflicts. It thus provides a resource for articulating identity dilemmas in a new pattern of hybrid identity. This is especially likely to function to migration within the European Community where Europeanization is supported by the allocation of citizenship privileges, and for elite migration where the requisite conditions for complex supranational identification are most prevalent."[301]

Andererseits zeigte die schon oben diskutierte qualitative Studie von Meinhof (2002), dass im deutsch-polnischen Grenzgebiet trotz europäischer Identität die Konflikte und Vorurteile in den nationalen Identitätsmustern weiterhin eine wichtige Rolle spielen. Die kulturelle Differenz bildet hier noch immer die Grundlage für die Abgrenzung zur *out-group* sowie für die Aufwertung der eigenen kollektiven Identität. McLarens (2002) Argument der kulturellen Bedrohung folgend und aus den Ergebnissen der allgemeinen Theorien zur Identität schließend, kann man feststellen, dass kulturelle Unterschiede anscheinend große Bedeutung für kollektive Identitäten haben. Gerade Migrantinnen und Migranten aus nicht europäischen Ländern werden oft in Konflikte involviert, bei denen die Unterschiede der Kulturen eine tragende Rolle einnehmen. „For the less fortunate cases, especially with regard to migrants from outside the ‚Fortress Europe' who are engaged in a losing battle for their status in European societies in legal, economic, or moral terms, conflicts are indeed likely to harden – whether they are coded as national, ethnic, racial, or religious."[302]

Wichtig ist dabei, zu sehen, dass diese Konflikte sehr wohl physisch ausgetragen werden. Es ist klar, dass in den modernen Staaten Europas, wo das Gewaltmonopol des Staates herrscht, diese Konflikte nicht

300 Kohli, „The Battlegrounds of European Identity" (wie 283), S. 133.
301 Ebenda.
302 Ebenda.

in Form von Bürgerkriegen etc. ausgetragen werden. Die aktuellen Formen der Austragung sind die der Gewalt zwischen ethnischen Jugendbanden und Gangs in Großstädten beziehungsweise die Gewalt von Jugendlichen mit Migrationshintergrund gegen die Polizei.[303] Radikalisiert werden diese Konflikte unter den Bedingungen von Exklusion, wirtschaftlicher Not und moralischer Abwertung. Um solche Radikalisierungen aufgrund von Migration zu verhindern, muss „Europäisierung" aus Inklusion und der Garantie von Wohlfahrtssystemen bestehen.[304]

Exklusive nationale Identitäten stellen für diese notwendige Form der Europäisierung ein nicht zu unterschätzendes Problem dar. Wenn Europäisierung als kultureller Prozess wahrgenommen wird, so führt dies auch innerhalb der EU zu Abwehrreaktion exklusiver nationaler Identitäten in Form von Nationalismen. Reden von europäischen Politikern wie jene von Lionel Jospin vom 28. Mai 2001, in denen neben der Vielfalt auch von *einer* europäischen Kultur gesprochen wird, verstärken bei vielen Personen das Gefühl, dass die Integrität ihrer traditionellen nationalen Kultur durch die EU gefährdet ist.

> Let us remember that Europe is a civilization, that is at one and the same time a territory, a shared history, a unified economy, a human society and a variety of cultures which together form one culture.[305] (Lionel Jospin, 2001)

Hier wird auch deutlich, wie wichtig klare Positionen der politischen Elite für die öffentliche Meinung bezüglich der EU sind. Auch wenn eine multinationale oder supranationale Identität der Wunsch der europäischen Elite ist, so deutet vieles darauf hin, dass dieses Vorhaben zu Konflikten und Nationalismus führen wird. „Reactionary movements, endeavouring to reassert national sovereignty and seeking to impose ethnic and cultural uniformity will likely occur. The transition

303 Typische Beispiele für diese Austragung von Gewalt sind die Jugendkrawalle in den „banlieues", den Vororten französischer Großstädte, sowie die Gewalt durch asiatische Jugendbanden in Birmingham.

304 Vgl. Kohli, „The Battlegrounds of European Identity" (wie 283), S. 134.

305 Zit. nach: Ifversen, „Europe and European culture: a conceptual analysis" (wie 178), S. 1.

from nationalism to multinationalism [...] will not take place without conflict."[306]

Auch wenn Modernisten und Sozialkonstruktivisten die Kultur als wichtigen Faktor des Nationalismus verneinen, so deuten doch einige Erkenntnisse darauf hin, die Kultur als für Identitäten entscheidenden Faktor zu akzeptieren. Ob Anthony Smith oder Benedict Anderson – es gibt schlüssige Gründe, weshalb man Kultur als einen äußerst wichtigen Faktor bezüglich nationaler Identität und Nationalismus beachten sollte. Erstens liefert Smiths Ethno-Symbolismus eine schlüssige Erklärung für einen Teil der Langlebigkeit nationaler Mythen und Traditionen und deren Popularität für die breite Masse. Benedict Andersons Theorie legt schlüssig dar, welche Faktoren der Modernisierung die rasche Popularität und vor allem Effektivität von Nationalismen garantiert haben. Auch wenn er richtigerweise die subjektive Dimension von Nationalismus analysiert hat, so hat auch er in seinen früheren Werken deutlich gemacht, welche wichtige Rolle die Kultur dabei spielt.

Homi Bhabha (1990) bezieht sich auf das von Benedict Anderson entworfene Konzept der „vorgestellten" Gemeinschaften, wenn er von der Nation als „Repräsentation des sozialen Lebens" schreibt. Die Entwicklung der Nation beschreibt er als ein System der kulturellen Bedeutung. Das heißt, dass hier sehr wohl nationale Identität eine soziale und kulturelle Repräsentation darstellt.[307]

Dass eine erfolgreiche politische Union auch eine kulturelle Basis haben muss, scheint nach all den diskutierten Theorien unbestritten. Es ist auch klar, dass inklusive nationale Identitäten weniger Probleme bereiten als exklusive. Um die nationalen Identitäten zu ändern, wird es zu wenig sein, die Geschichtsbücher in den Schulen umzuschreiben. Es bedürfte einer immensen europäischen Koordination der nationalen Geschichts-, Bildungs- und Kulturpolitik, um die tiefe Verwurzelung von exklusiven nationalen Volksmythen und Symbolen, historischen Erinnerungen und Traditionen auf einen gemeinsamen europäischen Nenner zu bringen.

---

306 Richmond, „Ethnic Nationalism and Post-Industrialism" (wie 168), S. 300.

307 Vgl. Homi Bhabha, „Narrating the Nation", in: John Hutchinson & Anthony D. Smith (Hrsg.), *Nationalism* (Oxford, 1994), S. 306–311, hier S. 306 f.

Auch ist es fraglich, ob es überhaupt genügend symbolisches Kulturgut für eine europäische kulturelle Identität gibt. Smith (1995) widerspricht dem und nennt gewichtige Gründe dagegen. Jeder Blick auf die Vergangenheit Europas wird demnach Diversität aufdecken: „[...] common experiences and traditions, shared symbols and values, have simply high-lighted Europe's overlapping diversity [...].“[308] Ein weiterer Kritikpunkt Smiths ist überhaupt die kulturelle Schwäche im Vergleich zum Nationalstaat, auch wenn dieser genauso eine „erfundene“ kulturelle Tradition hat. „Smith himself certainly recognizes the ‚fictional‘ character of ‚the national family‘, but it is the fact that ‚cultural authenticity‘ is secured only by the nation which makes it less ‚fictional‘ than Europe.“[309]

Das Argument, dass Nationalstaaten kulturelle Authentizität am besten gewährleisten, wird sogar von Multikulturalisten wie Will Kymlicka gestützt. Denn in seinem Konzept des *liberal culturalism* vertritt er die Ansicht, dass „individual freedom for living a good life“ nur dann möglich sei, wenn eine Person Mitglied in einer sogenannten *societal culture* ist – was er als etwa gleichbedeutend wie eine „Nationalkultur“ definiert.[310] Er vertritt die These, dass individuelle Freiheit nur im Rahmen einer Nationalkultur, das heißt mit einer eigenen Sprache, einem Bildungssystem, eigenen kulturellen Ressourcen und Institutionen, die im Rahmen der Modernisierung zu Merkmalen von Nationen geworden sind, möglich ist. Es gibt jedoch auch nationale Minderheiten, die diese Merkmale aufweisen und deren Mitglieder somit imstande sind, ein individuell freies und glückliches Leben zu führen.

Kymlicka schreibt, dass die Kultur eine extrem tief verwurzelte Bedeutung für Menschen hat, weil diese es für die Menschen erst ermögliche, ihr Leben in „bedeutungsvoller“ Art und Weise zu leben. „People make choices about social practices around them.“[311] Menschen bewerten soziale Handlungen auf der Basis ihrer Einstellungen, was vom

308 Anthony D. Smith, *Nations and Nationalism in a Global Era* (Cambridge, 1995), S. 131.

309 Ifversen, „Europe and European culture – a conceptual analysis“ (wie 178), S. 18.

310 Vgl. Will Kymlicka, *Multicultural Citizenship: A Liberal Theory of Minority Rights* (Oxford, 1995), S. 75–106.

311 Ebenda, S. 83.

Verständnis jener Bedeutungen abhängt, welche durch ihre Kultur diesen Handlungen anhaften. Es geht uns hier nicht um den Ansatz als solchen, sondern es geht vielmehr darum zu erwähnen, dass es auch moderne, liberale TheoretikerInnen gibt, welche das Konzept der Nation per se nicht negativ sehen. Die Gefahren bei *identity politics* der EU zu einer Stärkung der europäischen Identität liegen in der Reizung und Aktivierung von Nationalismen. Die Zeit, welche für eine *top-down*-gesteuerte „Europäisierung“ der Kultur und, damit verbunden, der Identität notwendig ist, könnte zu lang sein, um die nationalen Reaktionen darauf zu überstehen.

3.3.4. Der Einfluss von ökonomischer Rationalität und Identität im Vergleich

In diesem letzten Abschnitt des Theorieteils geht es um die Frage, was mehr Einfluss auf die Einstellung von Personen gegenüber der EU hat: rationale ökonomische Kalkulation oder emotionale Bindung an die Nation durch nationale Identität. Wie schon ausgeführt, sind ökonomische Faktoren bei der Beurteilung der europäischen Integration und der EU im Allgemeinen von großer Bedeutung. Individuelle Faktoren, wie zum Beispiel Bildung, Mobilität, Beschäftigung und Einkommen, spielen bei der Unterstützung von internationalen Organisationen allgemein eine wichtige Rolle. Auch geht es oft nicht allein um die rationalen Fakten und eine objektive Kosten-Nutzen-Rechnung, da die europäische Integration mit all ihren Aspekten sehr komplex und für die breite Masse der BürgerInnen schwierig zu verstehen ist. Die individuelle, subjektive Perzeption der eigenen und der nationalen ökonomischen Situation sowie die empfundenen ökonomischen Bedrohungen und Unsicherheiten und auch die nationale wirtschaftliche Gesamtsituation haben einen signifikanten Einfluss auf die Einstellung gegenüber der EU.

Wirtschaftliche Integration und Liberalisierung ermöglichen es, dass Firmen ihre Produktion über nationale Grenzen hinweg verlegen. Dies hat zur Folge, dass es besonders bei weniger qualifizierten ArbeiterInnen zu erhöhter wirtschaftlicher Unsicherheit kommt. Auch die Nationalstaaten, besonders jene mit einem hoch entwickelten Sozialsystem, kommen unter enormen Druck und verschieben die Steuerlast, den Rahmenbedingungen folgend, von mobilen Faktoren der Produktion weg (zum Beispiel durch Senkung der Unternehmenssteuern) hin zu immobilen Faktoren (wie zum Beispiel Arbeit).[312]

Eine gute Erklärung für die daraus resultierenden Einstellungen gegenüber der EU liefert das Stolper-Samuelson-Theorem. Dieses besagt, dass Handel jenen Individuen zugutekommt, welche Faktoren besitzen, mit denen die nationale Ökonomie gut ausgestattet ist, und jenen Individuen schadet, welche Faktoren besitzen, die relativ rar sind.[313] Daraus kann man folgern, dass in den reicheren Mitgliedsländern ManagerInnen und Fachkräfte eher EU-unterstützend und unqualifizierte Arbeitskräfte eher EU-ablehnend eingestellt sind. Dies sollte sich in kapitalärmeren Ländern, die reich an billigen Arbeitskräften sind, umgekehrt verhalten. Prinzipiell neigen Nettoempfängerländer eher dazu, EU-unterstützend eingestellt zu sein, und Nettozahler eher ablehnend. Diese objektiven Kriterien werden aber ergänzt durch die subjektiven Faktoren, welche vor allem von nationalen Rahmenbedingungen und den empfundenen Zukunftschancen abhängen.[314]

Hooghe und Marks (2004) haben neben der Wirkung von ökonomischen Faktoren auch den großen Einfluss von nationaler Identität auf die Einstellung – also auch auf die Ablehnung – gegenüber der EU theoretisch begründet und empirisch nachgewiesen. Das Vorhandensein von multiplen Identitäten und die zunehmende Verbreitung von dualer Identität, nämlich Identifikation mit der Nation und mit Europa, sind heute weitgehend akzeptiert, weil auch empirisch nachgewiesen. Dabei hat sich herausgestellt, dass eine starke nationale Identität mit einer starken europäischen Identität durchaus vereinbar ist.[315]

Andererseits spielen exklusive nationale Identitäten bei der Opposition gegenüber der EU eine wichtige Rolle. Radikale Rechtsparteien in

312 Vgl. Matthew Gabel, *Interests and Integration: Market Liberalization, Public Opinion, and European Union* (Ann Arbor, 1998).

313 Vgl. Liesbet Hooghe & Gary Marks, „Does Identity or Economic Rationality Drive Public Opinion on European Integration?", in: *Political Science and Politics*, Ausg. 37, Nr. 3 (Jul. 2004), S. 415–420, hier S. 415.

314 Vgl. ebenda, S. 416.

315 Vgl. Risse, „European Institutions and Identity Change: What Have We Learned?" (wie 102), S. 260 f.

Dänemark, Österreich, Frankreich und Italien treten mit nationalistischen Programmen nicht nur gegen eine Vertiefung der europäischen Integration an, sie wollen auch die aktuellen Kompetenzen der EU beschneiden und die Nationalstaaten stärken. „Christian and Trechsel (2002) find that the stronger the national attachment and national pride of Swiss citizens, the less likely they are to support membership in the European Union.“[316]

Auch Sean Carey weist in seiner Arbeit aus dem Jahr 2003 nach, dass die Kombination einer starken nationalen Identität mit einem ausgeprägten Nationalstolz einen signifikant negativen Effekt auf die Unterstützung gegenüber der europäischen Integration hat. Dabei stellt er jedoch abschließend klar, dass es auch Unterschiede in verschiedenen Ländern gibt.[317] Díez Medrano (2003) begründet diese national unterschiedlichen Ergebnisse mit der unterschiedlichen Konstruktion der nationalen Perspektive hinsichtlich Europas. Die englische EU-kritische Haltung begründet er mit Großbritanniens spezieller Geschichte als Empire. Deutschlands positive Haltung gegenüber der EU reflektiere die Kriegsschuld am Zweiten Weltkrieg. Die unterstützende Haltung Spaniens gegenüber der europäischen Integration kann man aus dieser Sicht der EU als Projekt von Modernisierung und Demokratisierung erklären.[318]

Es deutet also vieles darauf hin, dass nationale Identität durch einzigartige nationale Kontexte zustande kommt, bei denen die Geschichte, die wirtschaftlichen und gesellschaftlichen Umstände und Erfahrungen der Bevölkerung von Bedeutung sind. Wir wissen mittlerweile auch, dass Personen, die ihre nationale Identität als exklusiv verstehen, zu EU-Ablehnung neigen. Eine Begründung dafür finden wir im sozialpsychologischen Ansatz von Druckman (1994), wo festgestellt wird, dass nationale Bindungen in der frühen Kindheit entwickelt werden, europäische Identität aber erst viel später. Dies stellt einen Faktor für das Potenzial zur EU-Ablehnung dar. Die Haltung von nationaler

316 Hooghe & Marks, „Does Identity or Economic Rationality Drive Public Opinion on European Integration?“ (wie 313), S. 416.

317 Vgl. Carey, „Undivided Loyalties: Is National Identity an Obstacle to European Integration?“ (wie 286), S. 387–413.

318 Vgl. Juan Díez Medrano, *Framing Europe: Attitudes to European Integration in Germany, Spain, and the United Kingdom* (Princeton, 2003).

Identität zu politischen Objekten, wie zum Beispiel der europäischen Integration, entwickelt sich als Resultat von sozialer Konstruktion durch Sozialisation und politischen Konflikt.[319]

Entscheidend ist an dieser Stelle die Frage nach dem sogenannten *Framing*: Wer ist für diese Konstruktion der politischen Haltungen zuständig und wer hat hier Einfluss? Eine entscheidende Hilfe zur Beantwortung dieser Frage lieferte Zaller 1992 in seiner Arbeit zur Natur und Entstehung von öffentlicher Meinung. Zaller vertritt darin die These der *political cue theory*, dass politische Eliten die öffentliche Meinung formen.[320] Diese Annahme ist für die weitere Argumentation in dieser Arbeit sehr wichtig: Man kann also annehmen, dass politische Eliten die öffentliche Meinung beeinflussen und formen können. „The premise of cue theory is that underlying values and interests need to be primed to become politically salient."[321]

Dieser Ansatz wurde kritisch beleuchtet und hat sehr wohl seine Grenzen. Wie Druckman (2001) in seiner Arbeit zu den Grenzen des *Framings* von öffentlicher Meinung durch politische Eliten feststellt, ist dieses Konzept manchmal von einer zweifelhaften Eigendynamik getragen: „[...] nearly every time scholars look for a framing effect, they tend to find it. There has been an almost exclusive focus on successful framing attempts."[322] Er legt klare Grenzen des *Framings*, der Formung und Manipulation der öffentlichen Meinung durch politische Eliten dar. Der springende Punkt, weshalb politische Eliten „framen" können, ist deren Glaubwürdigkeit. Die BürgerInnen folgen auch nicht wahllos allen möglichen *Frames*, sondern sie wählen diese nach bestimmten systematischen und für sie vernünftigen Gesichtspunkten aus.

---

319 Vgl. Hooghe & Marks, „Does Identity or Economic Rationality Drive Public Opinion on European Integration?" (wie 313), S. 417.

320 Vgl. John R. Zaller, *The Nature and Origins of Mass Opinion* (Cambridge, 1992), S. 98 ff.

321 Hooghe & Marks, „Calculation, Community and Cues: Public Opinion on European Integration" (wie 245), S. 424.

322 James N. Druckman, „On the Limits of Framing Effects: Who Can Frame?", in: *The Journal of Politics*, Ausg. 63, Nr. 4 (Oxford, Nov. 2001), S. 1041–1066, hier S. 1061.

> Framing effects may occur, not because elites seek for manipulate citizens, but rather because citizens delegate to credible elites for guidance. [...] Far from being a sign of freewheeling manipulation, framing effects may be evidence of citizens seeking guidance from credible elites.[323]

Einer der Gründe für die zunehmende EU-Kritik ist demnach die Haltung der politischen Eliten. Der durch die Situation des Kalten Krieges am Beginn der Integration vorhandene Elitenkonsens wurde mit den Veränderungen des internationalen Systems aufgeweicht.[324] Dies macht auch deutlich, dass scheinbar innenpolitische Gründe und Motive für EU-kritische Einstellungen von Bevölkerungen und nationalen Regierungen des Öfteren mit internationalen Entwicklungen zusammenhängen. „The international system is not only a consequence of domestic politics and structures but a cause of them. Economic relations and military pressures constrain an entire range of domestic behaviours, from policy decisions to political forms."[325]

Dies bringt unser Konzept vom Zusammenspiel von Identität, Kultur und Politik ins Spiel. Die politische Elite benötigt Glaubwürdigkeit und Legitimation. Diese erhält sie unter anderem durch die legitimierende Funktion von nationaler Identität, aber auch durch Wahlen, wo nationale PolitikerInnen wiederum auf nationale Gemeinschaftsinteressen Rücksicht nehmen müssen, um erfolgreich zu sein. Faktum ist jedoch, dass glaubwürdige politische Eliten die BürgerInnen führen und ihre Einstellung gegenüber der EU formen und beeinflussen.

Je schärfer die Spaltung der nationalen politischen Eliten gegenüber der europäischen Integration ist, desto größer ist die Möglichkeit der Mobilisierung von nationaler Identität und der Aktivierung von exklusiver nationaler Identität. Ein Zeichen einer solchen Spaltung ist unter anderem die Existenz einer radikalen Rechtspartei. „Parties like the Vlaams Blok in Belgium and the French Front National make a fetish of exclusive national identity with slogans such as ‚Boss in Our Own Country' and ‚We give them our factories; they give us

323 Ebenda.

324 Vgl. Pfetsch, *Das neue Europa* (wie 88), S. 115.

325 Peter Gourevitch, „The second image reversed: The international sources of domestic politics", in: *International Organization*, Ausg. 32. Nr. 4 (1978), S. 881–912, hier S. 911.

their immigrants. One solution: The Nation."[326] In Österreich gibt es diesbezüglich die FPÖ.

Wie sehen empirische Studien zur Größenordnung von ökonomischen Faktoren und nationaler Identität aus? Hooghe und Marks (2004) haben empirisch nachgewiesen, dass der größte ökonomische Faktor, der die öffentliche Meinung bezüglich der EU beeinflusst, der Transfer der Beiträge (*fiscal transfer*) ist. So wird demnach eine Bürgerin oder ein Bürger Griechenlands, dem Land mit den höchsten Pro-Kopf-Zahlungen der EU, um 15 Prozent mehr Unterstützung gegenüber der EU aufweisen als ein Bürger oder eine Bürgerin Deutschlands, dem größten Nettozahler der EU. Die Korrelation ist jedoch nicht linear. Auch die Art des Kapitalismus spielt eine wichtige Rolle. Die Unterstützung gegenüber der EU ist größer in Ländern, deren sozio-ökonomische Institutionen durch die europäische Gesetzgebung weniger gefährdet sind. Demnach sind stärker ausgeprägte Sozialstaaten eher EU-ablehnend als Staaten mit einem wenig entwickelten Sozialsystem. Zusammenfassend zu den ökonomischen Faktoren kann man sagen, dass die in der Studie abgefragten individuellen und kollektiven wirtschaftlichen Interessen für etwa 15 Prozent der Gesamtvariation in der öffentlichen Meinung verantwortlich sind.[327]

Noch wichtiger ist der Studie nach der Einfluss von nationaler Identität. Dabei wird auch, wie wir in dieser Arbeit schon früher festgestellt haben, das Faktum erkannt, dass nationale Identität für die Unterstützung gegenüber der EU sowohl förderlich als auch ihr abträglich sein kann. Entscheidend für die EU-Ablehnung eines Individuums ist dessen exklusive nationale Identität. „On average, an individual in our sample who claims an exclusive national identity scores 53.3 on our thermometer scale for support for European integration, compared to 72.8 for a person who does not."[328] Dies ergibt im Durchschnitt eine Differenz von 19,5 Prozent, was eindeutig signifikant ist und die Hypothese dieser Arbeit auch bestätigt.

326 Hooghe & Marks, „Does Identity or Economic Rationality Drive Public Opinion on European Integration?" (wie 313), S. 417.

327 Vgl. ebenda.

328 Ebenda.

Das in dieser Studie nachgewiesene Faktum, dass die Art der nationalen Identität einen größeren Einfluss auf die Ablehnung gegenüber der EU hat als rein rationale, ökonomische Faktoren, bestätigt den Ansatz dieser Arbeit, EU-Ablehnung anhand von nationaler Identität und Nationalismus zu analysieren. Ein wichtiger Punkt ist jedoch der nationale, länderspezifische Kontext. Bei Ländern wie zum Beispiel Portugal, Irland oder Griechenland besteht empirisch nur ein kleiner Unterschied (er liegt ungefähr zwischen 8 und 12 Prozent) in der Unterstützung für die EU zwischen Menschen mit exklusiver nationaler Identität und solchen mit multipler Identität. Bei anderen Ländern sind die Unterschiede in der Einstellung gegenüber der EU deutlich größer; in Großbritannien zum Beispiel beträgt die Differenz 29,5 Prozent. Dies bedeutet, dass Personen, welche sich selbst „alleinig" als Briten fühlen – sich also über eine exklusive nationale Identität definieren –, im Durchschnitt fast 30 Prozent weniger Unterstützung für die EU aufweisen als solche mit multipler Identität. In Österreich liegt die Differenz ungefähr bei 22 Prozentpunkten, spielt also auch eine signifikante Rolle.[329]

Wie kann man sich diese Ländervariationen erklären? „The more divided a country's elite, and the more elements within it mobilize against European integration, the stronger the causal power of exclusive national identity."[330] Diese Erklärung bringt den Schluss mit sich, dass die politischen Eliten und die politischen Parteien in Europa der Schlüssel zur Einstellung der BürgerInnen gegenüber der EU sind. Dort, wo die politischen Eliten zum Thema der europäischen Integration sehr gespalten sind und wo es rechts- oder linkspopulistische Parteien gibt, welche die nationalen Identitäten gegen die EU instrumentalisieren und somit auch exklusive nationale Identitätsmuster aktivieren und mobilisieren, spielt die kollektive Identität bei der Ablehnung gegenüber der EU eine wichtige Rolle.

Wenn man die Perspektive von James Druckman (2001) berücksichtigt, so muss man aber dabei auf jeden Fall im Auge behalten, dass PolitikerInnen und politische Parteien, welche die öffentliche Meinung formen, nicht einfach nach Belieben manipulieren können. Es geht

329 Vgl. ebenda.
330 Ebenda.

darum, dass sie Glaubwürdigkeit bei den BürgerInnen benötigen, um diese Funktion der „Führung“ von der Öffentlichkeit zugesprochen zu bekommen. Diese Glaubwürdigkeit lässt sich unter anderem durch Wahlergebnisse reflektieren. Dies lässt jedoch auch wieder die Frage zu, welchen Einfluss hier die PolitikerInnen wirklich auf die Menschen ausüben.

In den politischen Systemen Europas bilden die Parteien vor allem auf nationaler Ebene die Verbindung zwischen PolitikerInnen und Öffentlichkeit (natürlich spielen auch die Medien hier eine wichtige Rolle). Einen weiteren Hinweis liefert uns die *party cue theory*, die annimmt, dass Individuen, welche eine bestimmte Partei unterstützen, dazu tendieren, der Position dieser Partei bezüglich europäischer Integration zu folgen.[331] Die Theorie von Druckman (2001) lässt jedenfalls darauf schließen, dass Menschen sich nach glaubwürdigen Eliten sehnen, welche die Funktion des „Führens“ (*guidance*) für sie erfüllen.[332] Diese Theorie erklärt zwar, wieso politische Eliten nationale Identitätsmuster ansprechen und mobilisieren können, aber nicht, weshalb diese nationalen Identitätskonstrukte teilweise im Gegensatz zur europäischen Integration und der EU stehen und Ablehnung gegenüber der EU erzeugen.

Hier geben uns die schon diskutierten Theorien zur Entstehung von nationaler Identität und die *In-group-out-group*-Konzepte Antworten. Identität ist einerseits, wie wir gesehen haben, sehr komplex. Sie kann zur Abwertung von *out-groups* sowie zu Konflikten mit anderen Identitäten führen, wenn sie exklusiv definiert ist. Diese nationalen Identitäten sind aber in unserer Gesellschaft etwas Grundlegendes, das, wie Druckman (1994) gezeigt hat, die Individuen schon im Kleinkindalter prägt und mit Emotionen und Gefühlen bezüglich ihrer *in-group*, der Nation, ausstattet. Dieser Vorgang erfolgt durch Sozialisation und bildet Kapazitäten für Loyalitäten gegenüber Gruppen lange bevor man in der Lage ist, rationale Überlegungen darüber anzustellen. Diese Loyalitäten können bei der Entwicklung von Ansichten gegenüber po-

331 Vgl. Marco R. Steenbergen & Bradford S. Jones, „Modeling Multilevel Data Structures“, in: *American Journal of Political Science*, Ausg. 46 (2002), S. 218–237.

332 Vgl. Druckman, „On the Limits of Framing Effects: Who Can Frame?“ (wie 322), S. 1061.

litischen Objekten extrem einflussreich sein. Dass nationale Identität lange vor der politischen, rational erworbenen europäischen Identität entsteht und daher in der Regel Vorrang hat, zeigen Hooghe und Marks in einer Studie (2004): „National Identities are more deeply rooted in respondents' minds than are attitudes towards European integration, and, to the extent that one finds an association between them, it seems sensible to argue that identities are causally prior."[333]

Abschließend kann man zusammenfassen, dass bei der Einstellung der BürgerInnen gegenüber der europäischen Integration sowohl die rationalen ökonomischen Konsequenzen für sich und ihre Länder als auch die subjektiven Empfindungen bezüglich ihrer kollektiven Identitäten eine Rolle spielen. Die Folgen und Wirkungen im Zusammenhang mit ihren kollektiven Identitäten, insbesondere von exklusiven nationalen Identitäten, im Hinblick auf die Ablehnung gegenüber der EU spielen eine größere Rolle als rein ökonomisches Kosten-Nutzen-Denken. Die BürgerInnen bewerten europäische Integration in Bezug auf die Vorstellungen ihrer kollektiven Identitäten hinsichtlich Fremden und fremden Kulturen. Im Falle der nationalen Identität heißt dies, die Bewertung der EU erfolgt in Bezug auf die Vorstellungen ihrer nationalen Gemeinschaft gegenüber AusländerInnen und fremden Kulturen. Des Weiteren werden ihre Einstellungen durch ihre ideologische Positionierung und durch Eliten und politische Parteien geformt.[334]

Dass dieser Ansatz die ökonomischen Theorien unterschätzt beziehungsweise die Wirkungen von kollektiven Identitäten hinsichtlich Ablehnung gegenüber europäischer Integration überschätzt, dem widerspricht das Ergebnis aus zwei unabhängigen Tests von ökonomischen Theorien: „Research on trade liberalization has produced the unexplained finding that citizens with strong national attachment tend to oppose trade liberalization both in the United States and across OECD countries."[335] Wenn nationale ökonomische Institutionen durch Liberalisierung oder auch Europäisierung gefährdet sind, so wird dies für Individuen mit einer starken nationalen Bindung zum

333 Hooghe & Marks, „Calculation, Community and Cues: Public Opinion on European Integration" (wie 245), S. 433.

334 Vgl. ebenda, S. 436 f.

335 Ebenda, S. 437 f.

Problem ihrer nationalen Identität. Es gibt also die Möglichkeit, dass auf den ersten Blick ökonomische rationale Beurteilungen eigentlich als Themen nationaler Identität bewertet werden.

Dies gilt nicht nur im Bereich der wirtschaftlichen Liberalisierung. Auch im Bereich von europäischen Distributionen kann dies zur Aktivierung von Nationalismen führen. „A policy with clear distributional consequences may still be evaluated as an identity issue."[336] Dieser Schluss kann sogar dazu führen, dass man hinterfragt, ob der einfache ökonomisch rationale Schluss, wonach die Nettozahlerländer prinzipiell weniger EU-Unterstützung zeigen, vielleicht gar nicht so sehr ökonomisch erklärt werden kann.

Gerade Österreich ist einer der großen wirtschaftlichen Profiteure der europäischen Integration. Diese Information wird den ÖsterreicherInnen auch zur Genüge mitgeteilt. Vielleicht kann man diesen distributiven Prozess der Budgetierung und der Nettozahlungen an die einzelnen Mitgliedstaaten mit der *In-group-out-group*-Theorie bezüglich nationalen Identitäten besser erklären. Aus dieser Sicht würde es bei solchen distributiven Maßnahmen sofort zu einer *Competitive*-Situation kommen, in der sich die *in-group*, die Nation, im Wettstreit gegen andere gemeinsame Subgruppen der EU durchsetzen muss. Diese Muster basieren eben auf den in der frühen Kindheit eingeprägten affektiven Bindungen bezüglich der Nation. Diesem Konzept widerspricht auch nicht einmal das Vorhandensein einer allgemeinen europäischen Identität. In Konsenssituationen wird die EU als gemeinsame Identität akzeptiert. Doch in Konkurrenzsituationen können sich bei gewissen Menschen mit einer starken nationalen Bindung die Muster exklusiver nationaler Identität durchsetzen und zu Nationalismus führen.

336 Ebenda, S. 437.

4. Die österreichische Nation

Die Rede von Václav Klaus vor dem Europäischen Parlament im Rahmen des EU-Vorsitzes der Republik Tschechien am 19. Februar 2009 mag so manchen in ihrer kritischen Haltung gegenüber einer Stärkung des supranationalen Europäischen Parlaments verwundert haben. Wieso, so fragten sich manche BeobachterInnen, sollte ein Profiteur der europäischen Integration, wie es Tschechien zweifellos ist, einen von vielen ExpertInnen für absolut notwendig gehaltenen Reformschritt wie dem Vertrag von Lissabon kritisch sehen? Wieso sollten diese Reformen zu mehr Demokratie auf europäischer Ebene das Demokratiedefizit der EU vergrößern, wie Klaus meinte?[337] Profiteur der Integration. Diese Argumentation kennt man auch aus anderen Ländern, wie Österreich oder Irland. Doch ökonomische, rationale Vorteile bedeuten eben noch lange keine automatische breite Unterstützung der Bevölkerung – oder der politischen Eliten im Fall von Václav Klaus – für die EU als politische Union.

Was hierbei oft vergessen wird, ist die häufig ungleiche Verteilung des materiellen Profits unter der Bevölkerung, wobei tendenziell die wohlhabenden und gebildeten Bevölkerungsschichten mehr von der EU und ihrer Erweiterung profitieren als die unteren Schichten. Ferner wird die Bedeutung des „Nationalen" oft ausgeklammert, wenn es darum geht, die öffentliche Meinung zur EU objektiv erklären zu wollen. Keine Rolle sollte dabei „Nationales" spielen: die Kultur, der nationalstaatliche Einfluss, die nationale Souveränität, die nationale Identität, die nationalen Sprachen etc. Viele dieser Faktoren sind durchaus „subjektiv" und zumeist historisch im Laufe der Entwicklung der verschiedenen Nationalstaaten in Europa unterschiedlich ausgeprägt. Viel

337 Rede von Václav Klaus vor dem Europäischen Parlament am 19. Februar 2009. [https://www.europarl.europa.eu/resources/library/media/20090126MLT47173/20090126MLT47173.pdf (25.08.2022)]

lieber sprechen politische Eliten von Regionen und regionaler Diversität.

In Zeiten eines integrierten Europas in Form der EU ist es für den Großteil der jüngeren Generationen in Europa unverständlich, wie manche Menschen Europa noch immer als Austragungsort eines Wettkampfes zwischen fixen, von Natur aus gegebenen Nationen wahrnehmen und ihr persönliches, individuelles „nationales Wesen" als unveränderlich und durch die EU gefährdet ansehen. Zentraleuropa scheint jedoch durch die historischen Bedingungen besonders stark „national" geprägt zu sein. So stellte beispielsweise Václav Havel 1990 fest, dass er es sich nicht aussuchen könne, ob er „tschechisch" sei oder nicht.

> My Czechness is a given. If I had lived during the national revival of the nineteenth century, my Czechness might still have been a matter of personal choice, and I might have tormented myself with the question of whether it was ‚worth the effort'. The problem of whether we should develop the nation or simply give up on it is not something that I have to solve. These matters have already been decided by others.[338]

Wenn Havel vom *national revival* spricht, von der Wiederbelebung des Nationalen – das bis heute irreversible Tatsachen hinterlassen hat –, so muss man anerkennen, dass der Emanzipationsanspruch Tschechiens mit der historischen Rolle der Slawen in der Habsburgermonarchie zusammenhängt. Dabei sieht die politische Elite die tschechische Nation als etwas Naturgegebenes, das jedoch wiederbelebt werden musste.

Ein Zeitungsartikel von Friedrich Engels aus dem Jahre 1849 beschreibt die aus „nationaler" Sicht eines Deutschen fehlenden geschichtlichen Elemente der Slawen folgendermaßen: „The Austrian Slavs have never had a history of their own [...] they are entirely dependent on the Germans and Magyars for their history, literature, politics, commerce and industry."[339] Dieses Beispiel zeigt die außergewöhnliche Bedeutung von nationalen Identitäten für sogenannte „kleine Nationen" und weist auch auf deren politische Kontexte in

338 Václav Havel, 1990, zit. in: Cathie Carmichael, „Conclusions: Language and National Identity in Europe", in: Stephen Barbour & Cathie Carmichael (Hrsg.), *Language and Nationalism in Europe* (Oxford, 2000), S. 280–289, hier S. 280.

339 Friedrich Engels, „Democratic Pan-Slavism", in: *Neue Rheinische Zeitung*, 16. Februar 1849 (Feb. 1849), zit. in: Carmichael, „Conclusions: Language and National Identity in Europe" (wie 338), S. 281.

der europäischen Geschichte des neunzehnten und zwanzigsten Jahrhunderts hin. Es kommt nicht von ungefähr, dass es in Zentral- beziehungsweise Südosteuropa noch vor wenigen Jahren zu neuen Nationalstaatsbildungen gekommen ist, wie die Beispiele Montenegros und des Kosovos zeigen.

Der Zusammenhang zwischen historischen Entwicklungen und aktuellen nationalen Identitäten zeigt, dass es daher falsch wäre, bei der Analyse Österreichs als Nation von einer Stunde null auszugehen. Sei es das Ende des Ersten Weltkrieges und die Gründung der Ersten Republik 1918, das Ende des Zweiten Weltkrieges 1945 oder die Unterzeichnung des Staatsvertrages im Jahre 1955 mit der wiedererlangten Souveränität der Zweiten Republik; dies alles für sich allein genommen erklärt reichlich wenig, wieso es in Österreich zu so einer schwierigen und späten „nationalen Geburt" kam. Eine Erklärung dafür liefert die genauere Betrachtung der historischen Umstände ab 1789 – der Französischen Revolution – sowie im Anschluss daran die imperiale Politik der Habsburger im Kontext der Modernisierung.[340]

Der Nationalismus im deutschsprachigen Teil des damaligen Österreichs sowie im Gebiet des späteren Deutschlands erfolgte in seiner Orientierung als Reaktion auf die Napoleonischen Kriege und die damit verbreitete Ideologie des Nationalismus, den Zerfall des Heiligen Römischen Reiches und die im Anschluss daran erfolgreiche Modernisierung der deutschen absolutistischen Staaten.[341] All diese geschichtlichen Ereignisse trugen ihren Teil dazu bei, dass die Veränderungen und Entwicklungen in Wirtschaft und Gesellschaft sich schlussendlich auch auf politischer Ebene auswirkten.

In der Geschichtswissenschaft ist man sich trotz der aus praktischen Gründen notwendigen zeitlichen Abgrenzung von zu bearbeitenden historischen Abschnitten im Klaren, dass es eine Stunde null praktisch nicht gibt. Dies gilt auch für die Entwicklung der österreichischen „Nation", auch wenn es sich nach dem Zweiten Weltkrieg viele ge-

340 Vgl. Philipp Decker, „Nationalities without Nationalism? The cultural consequences of Metternich's nationality policy", in: *Nationalities Papers* (2022), S. 1–18.

341 Vgl. Willfried Spohn, „Austria: From Habsburg Empire to a Small Nation in Europe", in: Atsuko Ichijo & Willfried Spohn (Hrsg.), *Entangled Identities: Nations and Europe* (London; New York, 2005), S. 55–71, hier S. 57.

wünscht hätten. „Ein ‚Jahr Null', eine ‚Stunde Null' gibt es in der Geschichte nicht […]. Ich denke hier etwa an den Versuch einer Negation jeglicher Kontinuität mit der Habsburgermonarchie durch die Regierung des republikanischen Österreichs 1918/1919, abgestimmt auf die Bedürfnisse österreichischer Politik gegenüber der Pariser Friedenskonferenz oder für die Zeit nach 1945 etwa an die Tendenzen weitgehender Verdrängung österreichischer nationalsozialistischer Vergangenheit."[342]

Die gesellschaftlichen Entwicklungen, die aufgrund der Industrialisierung – wenn auch später als Großbritannien – auch Österreich-Ungarn betrafen, waren die Basis, auf der sich der Nationalismus als die dominierende und letztlich politisch triumphierende Ideologie durchsetzen konnte und zur allgemein akzeptierten gesellschaftlichen Realität wurde.[343] Der Universalismus der Nation, den wir heute vorfinden (die Vereinten Nationen sind ein Spiegelbild dessen), startete seinen Siegeszug in den durch die Industrialisierung „modernisierten" Gesellschaften. So konnten zum ersten Mal tatsächlich Massen durch Ideologien mobilisiert werden.

4.1. Österreichische deutschnationale Identität

Aus historischer Perspektive verstand man unter Nationalismus in Österreich traditionell Deutschnationalismus.[344] Da Österreich-Ungarn eine multinationale Monarchie war und auch das Gebiet des österreichischen Teiles der Monarchie aus unterschiedlichen Nationen und Sprachgemeinschaften bestand, war der moderne nationale Gedanke grundsätzlich mit der österreichischen Monarchie unvereinbar, im Grunde sogar widersprüchlich. So war es nur logisch, dass die

342 Anton Staudinger, „Die nationale Frage im Österreich der Ersten und Zweiten Republik", in: Erich Zöllner (Hrsg.), *Volk, Land und Staat: Landesbewußtsein, Staatsidee und nationale Fragen in der Geschichte Österreichs* (Wien, 1984), S. 168–179, hier S. 168.

343 Siehe die Theorien modernistischer Theoretiker wie Hobsbawm oder Gellner.

344 Vgl. Philipp Decker, „The European Parliament elections in Austria will be the latest battleground in the far-right's challenge to the country's EU consensus", in: *EUROPP – European Politics and Policy* (Feb. 2014a).

deutschsprachige nationale Bewegung ab 1848 vor allem auf einer kulturell und sprachlich basierten deutschnationalen Idee beruhte.

> Before 1918 there had been no tradition among German-speaking Austrians of striving for national independence as a small German-speaking state separated from Austria-Hungary or separated from Germany. Within the context of the multiethnic and multilinguistic empire, the great majority of the inhabitants of what was to become Austria considered themselves ‚Germans' insofar as they spoke German and identified with German culture. Strong provincial identities that stemmed from the provinces' histories as distinct political and administrative entities with their own traditions existed for this reason.[345]

Wenn wir also wissen wollen, worauf die österreichische nationale Identität beruht, so müssen wir zuerst feststellen, wie sich die österreichische Nation historisch entwickelt hat. Eine bedeutende Rolle für das Selbstbewusstsein Österreichs spielt dessen Beziehung zu Deutschland. Die nationale Identität Österreichs begann sich erst sehr spät, nämlich ab 1945, nach der „Befreiung" und der Abgrenzung gegenüber Deutschland nach dem Ende des Zweiten Weltkrieges zu entwickeln.

Dabei war es ursprünglich Deutschland, das sich durch „Emanzipation" von Österreich entwickelte. Dieser Prozess dauerte vom Dreißigjährigen Krieg bis zum Ende des „Heiligen Römischen Reiches deutscher Nation" und fand seinen endgültigen Abschluss im Jahre 1866, als Österreich von Preußen unter der Führung Bismarcks besiegt und von der deutschen Konföderation ausgeschlossen wurde.[346]

Wie kann man den damals vorherrschenden Deutschnationalismus beschreiben? Hilfreich ist eine Abgrenzung zwischen der angelsächsisch-französischen Tradition der Nation als Staatsbürgernation und dem deutschen Nationsbegriff der „Kulturnation", bei dem die Nation auch als „Volkstum" begriffen wird. Die sogenannte „Staatsnation" konstituiert sich nicht durch gemeinsame Sprache, Kultur oder Abstammung, sondern durch die Selbstzurechnung der StaatsbürgerIn-

345 Lonnie Johnson, „The Society and Its Environment", in: Eric Solsten & David E. McClave (Hrsg.), *Austria: a country study*, 2. Auflage (Washington, D.C., 1994), S. 65–116, hier S. 78.

346 Vgl. Paul Luif, „The Austrian View of Nationality", in: Kjell Goldmann & Karin Gilland (Hrsg.), *Nationality versus Europeanisation. The national view of the nation in four EU countries* (Stockholm, 2001), S. 85–125, hier S. 86.

nen zu ihrem Staat. „‚Plébiscite de tous les jour' lautet die berühmte Formulierung Ernest Renans im Zusammenhang mit dem Anspruch auf das Franzosentum der 1871 an das Deutsche Reich verlorenen deutschsprachigen Elsässer."[347]

Dem entgegen orientierte sich die Auffassung von Nation im deutschsprachigen Traditionsbereich an der „organizistischen Konzeption eines durch Sprache, Abstammung und Kultur interpretierten, quasi naturwüchsigen Volkskörpers"[348]. Die Entwicklung des Deutschnationalismus hin auf die Kultur – im Gegensatz zu den westlichen Nationen, wie zum Beispiel Frankreich, die ihren Nationalismus auf den Staat hin orientierten – liegt unter anderem daran, dass es „vergleichsweise keinen deutschen gesamtstaatlichen Absolutismus auf einem einheitlich geschlossenen Territorium gab, da zudem die Instrumentalisierung der ersten politischen Formen des deutschen Nationalismus gegen die bürgerlich-demokratischen Errungenschaften der Französischen Revolution eine Identifizierung dieses Nationalismus mit den Ideen der Volkssouveränität wenigstens vorerst verhinderte"[349].

Die Errichtung des deutschen Nationalstaates fand dann schlussendlich statt, wobei der österreichische Teil davon ausgeschlossen blieb, da die in der Habsburgermonarchie verankerte österreichische Identität grundsätzlich multinational und nicht deutschnational war. Dies erklärt in der Folge auch, weshalb der deutsche Nationalismus im Gegensatz zum französischen oder angelsächsischen Nationalismus exklusiv war. Da es eben kein einheitlich geschlossenes Territorium gab, konnte es auch zu keiner inklusiven „Staatsbürgernation" wie in Frankreich kommen. Daraus resultierend basierte die deutschnationale Identität vor allem auf kulturellen und ethnischen Indikatoren, war also exklusiv konstruiert. Ähnliches gilt für andere nationale Identitäten in Zentral- und Südosteuropa.

Die traditionelle österreichische nationale Identität war von Anfang an komplizierter konstruiert als die des deutschen Nationalismus, der sich mit dem stärksten und modernsten neoabsolutistischen deutschen

347 Staudinger, „Die nationale Frage im Österreich der Ersten und Zweiten Republik" (wie 342), S. 169.

348 Ebenda.

349 Ebenda, S. 170.

Staat identifizierte, nämlich mit Preußen. „[...] Austrian nationalism emerged as a mixture between Austrian and Great German components [...].“[350] Einerseits bestand die österreichische Komponente sowohl aus imperialen als auch aus regionalen Elementen. Die imperialen und dynastischen Elemente wurden durch die Restauration unter Metternich gestärkt. Diese österreichische Identität fand ihren Niederschlag vor allem in der Aristokratie, im Beamtentum, in der Armee und in der intellektuellen Mittelklasse. Es handelte sich bei diesem Konstrukt jedoch um keine moderne Nationsvorstellung im Sinne der Französischen Revolution. Die Politik einer staatlichen Konstruktion einer solchen wurde, mit Ausnahme des Josephinismus im späten achtzehnten Jahrhundert, vom vorherrschenden Regime abgelehnt.[351]

Vielmehr gab es verschiedene regionale Ausprägungen von österreichischer Identität. In den Bundesländern gab es eine traditionell starke regionale Identität, die sich im Laufe der Zeit mit der Zugehörigkeit zu Österreich verknüpfte und in der Bevölkerung tief verankert war. Ein gutes Beispiel hierfür ist der Widerstand Tirols gegen Napoleon unter der Führung Andreas Hofers. Dieser Mythos spielt bis heute eine wesentliche Rolle bei der Konstruktion der Identität des Landes Tirol. Das Landesbewusstsein in einigen Bundesländern hat seinen Ursprung im Mittelalter und ist eine wesentliche Komponente in der historischen Entwicklung der österreichischen Identität:

> [...] für die meisten der heutigen österreichischen Bundesländer, nämlich Niederösterreich, Oberösterreich, Steiermark, Tirol, Kärnten, Salzburg läßt sich die Ausbildung eines Landesbewußtseins bis ins Mittelalter zurück verfolgen. Es bedeutet das durch Sitte (Kleidung, Tracht etc.), weniger durch gemeinsame Sprache, sondern im wesentlichen [sic!] durch Rechtsgemeinschaft (Landrecht) geprägte Gemeinsamkeitsbewußtsein des Herrschaftsverbandes von Fürst, Herren und Rittern (der adeligen Oberschicht). [...] Dieses von den Ständen getragene und bis ins 19. Jahrhundert sorgsam gepflegte Landesbewußtsein hatte übrigens neben dem sich entwickelnden modernen Sprachnationalismus zur Verhin-

350 Spohn, „Austria: From Habsburg Empire to a Small Nation in Europe“ (wie 341), S. 57.

351 Vgl. Philipp Decker, Jürgen Braunstein & David Campbell, „Interdisciplinarity as a Source of Relevance for Political Science“, in: *Austrian Journal of Political Science*, 47(3), Dez. 2018, S. 19–32, hier S. 21–23.

derung eines überregionalen Österreichbewußtseins in der Monarchie beigetragen.[352]

Ein wichtiger Punkt ist jedoch, dass diese zwei Komponenten – der aristokratisch-intellektuelle und der regionale, volkstümliche – nicht miteinander zu einem geteilten österreichischen Nationalismus verschmolzen.[353] Andererseits entwickelte sich in der Folge der Französischen Revolution und der Napoleonischen Kriege auch in Österreich ein großdeutscher Nationalismus. „This Austrian-German nationalism shared with German-German Nationalism the democratic-antidynastical national orientation emulating the French model of a modern democratic nation-state. At the same time, it had in common a German cultural nationalism based on a German high culture that had developed since the second half of the eighteenth century in opposition to the Habsburg aristocratic court culture [...].“[354] Der Deutschnationalismus, basierend auf einer gemeinsamen deutschen Kultur, erfuhr seinen Aufstieg in Österreich auch mithilfe der Popularität deutscher Intellektueller wie zum Beispiel Schiller, Goethe, Herder und Kant. Ironischerweise waren diese persönlich eigentlich vermehrt kosmopolitisch-europäisch eingestellt. Sie sahen jedoch auch einen gewissen Emanzipationsanspruch der deutschen Nation.[355]

Die aristokratische Elite, die Armee sowie auch die Beamtenschaft orientierten sich grundsätzlich an der multinationalen Identität der Monarchie, wohingegen der aufstrebenden gebildeten Mittelklasse die antidemokratischen Züge der Monarchie ein Dorn im Auge waren. Somit wendete sie sich zunehmend von ihrer Identifikation mit dem multinationalen Reich ab und orientierte sich vermehrt in Richtung des deutschen liberaldemokratischen und kulturellen Nationalismus. Nach dem Scheitern der 1848er-Revolutionen in der Monarchie unterstützte die Mehrheit der Deutsch sprechenden Mittelklasse die Fortsetzung der Monarchie, da sie nicht nur eine führende Rolle in der kaiserlichen Armee und in der Administration innehatte, sondern auch

352 Staudinger, „Die nationale Frage im Österreich der Ersten und Zweiten Republik“ (wie 342), S. 172.

353 Vgl. Spohn, „Austria: From Habsburg Empire to a Small Nation in Europe“ (wie 341), S. 58.

354 Ebenda.

355 Vgl. ebenda.

aus ökonomischer Sicht vom Zugang zu den großen Märkten in der Monarchie profitierte.[356] Gerade in Zeiten der Industrialisierung und des aufstrebenden Kapitalismus machten aus ökonomischer Sicht ein gemeinsamer Markt sowie die Währungsunion für einen Großteil der Mittelschicht durchaus Sinn.

Die Gesamtsituation veränderte sich durch die Auflösung des multinationalen Reiches und den Zusammenbruch Österreich-Ungarns schlagartig. Den Ausgangspunkt nahm diese Entwicklung mit dem Siegeszug des Nationalismus in Form der Einigung Italiens und Deutschlands. Wie die historische Entwicklung zeigte, wurde die Ideologie des Nationalismus zum Schlüssel für militärische und politische Erfolge. Trotz militärischer Niederlagen blieb so zum Beispiel Frankreich als Nationalstaat geeint und hatte im Vergleich zu Österreich-Ungarn keine Existenzängste.

Die Vereinigung Italiens 1859/60 bedeutete für Österreich-Ungarn nicht nur den Verlust der norditalienischen Provinzen, sondern stellte den ersten Schritt des Siegeszuges der Nationen in Europa über das multinationale Österreich dar. Der zweite bedeutende Schritt war die Niederlage der kaiserlich-königlichen Armee Österreich-Ungarns gegen Preußen 1866. Dies hatte nicht nur zur Folge, dass der österreichische Einfluss in Deutschland beendet war, sondern auch, dass die Habsburger zum Ausgleich mit Ungarn gezwungen wurden und somit das nationale Prinzip, wenn auch indirekt, akzeptierten.

> But this dual imperial structure [Österreich-Ungarn] only accelerated the nationalistic claims of the many other small nations within the Habsburg Empire. The nationalist movements in the Czech, Slovak, Polish and Romanian lands were growing against Habsburgs's imperial structure [...].[357]

Dies hatte eine Kettenreaktion zur Folge, deren Dynamik auch durch demokratische Reformen – die unter Kaiser Franz Josef nur schwerlich und wenn, dann nur zögerlich zur Durchsetzung gelangten – nicht mehr aufzuhalten war und schlussendlich zur „Nationalisierung" Zentraleuropas und zum Untergang der multinationalen Habsburgermonarchie führte. Wenn man nun diesen historischen Kontext der aufstre-

356 Vgl. ebenda, S. 58 f.

357 Ebenda, S. 59.

benden Nationen mit den Vorbildern von modernen Nationalstaaten wie Preußen, Italien und Frankreich als Quasi-Modelle der vollendeten homogenen Nationalstaaten mit Souveränität und Macht beachtet, so kann es nicht verwundern, dass die multinationale Idee der Habsburgermonarchie demgegenüber veraltet und rückständig wirkte. Gerade die Industrialisierung und der Kapitalismus hatten zu ungleicher Verteilung des Wohlstandes zwischen Zentrum und Peripherie geführt, was auch eine weitere Legitimationsgrundlage der nationalistischen Bewegungen in der Peripherie darstellte.[358]

Im Gegensatz zu den Nationalbewegungen der Polen, Slowaken, Rumänen, Tschechen und der Balkanvölker gab es in Österreich selbst kaum eine Grundlage, um sich als eigenständige Nation zu fühlen oder sich als eine solche etablieren zu wollen. „As compared to the growth of other peripheral nationalisms in the Habsburg Empire, a specific Austrian patriotism or nationalism had been the weakest of all. If it existed, then it was primarily in the form of a Great German-Austrian identity that was identical with the multinational Empire and carried by the imperial state administration, the army and the empire-oriented bourgeoisie, which benefited from the state institutions and economic opportunities the Empire offered."[359] Neben dieser dem Kaiserreich verbundenen Identität gab es auch zwei andere Komponenten österreichischer Identität, welche sich in der Folge immer stärker auf Volksebene durchsetzten. Einerseits war da die schon angesprochene regionale österreichische Identität, welche im Parteiensystem der Monarchie vor allem von der Christlich-Sozialen Partei vertreten und angesprochen wurde und ihren breiten Rückhalt im ländlichen Gebiet der heutigen Bundesländer fand. Andererseits gab es den großdeutschen Nationalismus, der besonders nach der Niederlage Österreichs gegen Preußen 1866 Auftrieb erhielt. Der deutsche Nationalstaat in der Form Preußens erschien in der damaligen Zeit als ein geradezu verlockendes Modell im Gegensatz zur immer schwächer werdenden Habsburgermonarchie. Preußen war ein moderner Nationalstaat, militärisch

358 Vgl. die Nationalismustheorie von Tom Nairn mit seinem Zentrum-Peripherie-Modell.

359 Spohn, „Austria: From Habsburg Empire to a Small Nation in Europe" (wie 341), S. 59.

erfolgreich, ökonomisch hoch entwickelt, mit einem demokratischeren säkularen politischen System.[360]

Bei der Analyse der Gründe, weshalb der Deutschnationalismus gegen Ende der Monarchie so stark wurde, kommt man zu drei Hauptargumenten. Zuerst ist da der Kontext einer zunehmenden Nationalisierung der politischen Landschaft in der Habsburgermonarchie durch die Emanzipationsansprüche der verschiedenen Völker. Der Nationalismus fiel in den vom starren autoritären monarchischen System der Habsburger politisch nur wenig berücksichtigten intellektuellen Eliten der Slawen, Polen und Rumänen auf fruchtbaren Boden. Auch das ökonomische Argument der ungerechten Verteilung kam in einem so unterschiedlich entwickelten Reich gut zur Geltung.

Am Beispiel des Eisenbahnbaues in „rückständigen" Gebieten der Monarchie kann man diese Ideologisierung gut nachvollziehen. Was für die österreichischen Beamten Infrastrukturprojekte zur Förderung der Modernisierung von unterentwickelten Gebieten im Südosten der Monarchie waren, stellte zeitgleich für die einzelnen Nationalbewegungen „Imperialismus" dar. Natürlich hat alles mehrere Seiten, je nachdem, aus welcher Perspektive man es betrachtet. Wenn die Eisenbahn von führenden österreichischen Beamten als ein Förderer des Nationalismus eingestuft wurde, so taten sie dies aus ihren Erfahrungen heraus. Unbestritten ist jedoch, dass der aufstrebende Nationalismus der nicht deutschen Volksgruppen im Kontext der starren, antidemokratischen und antinationalen Grundeinstellung der Habsburgermonarchie dem Deutschnationalismus seine Popularität ermöglichte.

Der zweite Grund waren die Deutsch-Österreicher selbst. Die gebildete Mittelklasse entwickelte eine zunehmende Identifikation mit dem deutschen Kulturnationalismus, im Glauben daran, dass die deutsche Sprache und Kultur die Basis für eine vereinte deutsche Nation sei. Vor allem die akademische Elite der deutsch-österreichischen Universitäten orientierte sich zumeist an deutscher Wissenschaft und Kultur. Die Studentenverbindungen etablierten sich nun zumeist als deutschnational. Auch andere Kulturvereine und Sportklubs, welche ideologisch zuerst dem Liberalismus und danach dem Sozialismus nahestan-

360 Vgl. ebenda, S. 60.

den, entwickelten sich als Parallelstrukturen zu den Bewegungen in Deutschland.[361]

Drittens führte dies im politischen System zu Parteien, die sich in ihrer Mehrheit am deutschen Modell orientierten.[362] Dies traf vor allem auf die Massenparteien zu, die sich im Laufe der Zeit an der Popularität des Nationalismus orientierten. Dies wiederum wirft die Frage auf, ob eine Demokratisierung der Monarchie das Nationalitätenproblem beseitigt hätte oder ob die Forderungen der Nationalbewegungen nach politischer Souveränität nicht von Grund auf unvereinbar mit der multinationalen Monarchie waren.

Die Popularität der deutschnationalen Idee wurde mit dem Zusammenbruch der Monarchie aus Sicht der damaligen österreichischen politischen Elite nur bestätigt. Am 12. November 1918 gründete man die damals als bis zum Anschluss an Deutschland provisorisch angesehene Republik Deutsch-Österreich.[363] Zudem führten die Verhandlungen zum Friedensvertrag von *Saint-Germain-en-Laye*, der am 10. September 1919 unterzeichnet wurde, den ÖsterreicherInnen vor Augen, wie das Reich von den Siegermächten auf einen „Rumpfstaat" reduziert wurde. Dass die deutschsprachigen Teile von Böhmen und Mähren sowie Südtirol nicht zu Österreich kamen und auch der Anschluss Österreichs an Deutschland verboten wurde, machte deutlich, wie sehr den Alliierten (vor allem Frankreich) die Stärke von geschlossenen Nationalstaaten (in diesem Falle eines deutschen) bewusst war.

Damit hatte Frankreich sein oberstes Kriegsziel erreicht: Österreich wurde auf einen Rumpfstaat reduziert und die deutschsprachigen Gebiete auf mehrere Staaten aufgeteilt. Der französische Premierminister Clemenceau soll angeblich gesagt haben: „[…] und der Rest, das ist Österreich." Formulierung hin oder her, die Aussagen von Clemenceau aus dem Jahre 1929 sollen an dieser Stelle nicht zeigen, dass dieser ein Nationalist gewesen sei, sondern nur, welche Art des nationalen Denkens damals in der europäischen Politik vorherrschte. Dies sollte auch die Logik veranschaulichen, aufgrund derer vor allem Frankreich eine Vereinigung der ‚deutschen' Nation fürchtete. Cle-

361 Vgl. ebenda.
362 Vgl. ebenda.
363 Vgl. Luif, „The Austrian View of Nationality" (wie 346), S. 88.

menceau sagte im Jahre 1929 in einem Gespräch mit M. Jean Martet über die Beziehung zwischen Frankreich und Deutschland Folgendes:

> France is beset by many dangers, some from within, some from without. [...] She is threatened by the English, by the Americans [...] she is in peril, like everything that lives. [...] I can assure you that before 1870 I hardly thought of Prussia. [...] And then the war came, and we were beaten, and the Prussians took from us Alsace and Lorraine. [...] You see, the law of things let Prussia give us a nasty knock, exact guarantees, every possible guarantee for the future; but it did not let her steal town and villages from France, whose frontiers were fixed, and which was a living entity. At heart the Germans – and this is their strength and their weakness – have not a very clear idea what a nation is; [...] So there was that peace, lasting for forty years, during the whole of which time the Germans have in various ways clearly shown their regret at not having completely crushed us in 1870.[364]

Bezüglich der Eigenschaften der Deutschen meint er ganz klar, dass diese anders seien als die anderen Nationen und dass mit den Deutschen auf Dauer kein Frieden herrsche könne, weil diese nicht wirklich menschlich sind:

> Because the Germans are a race [...] how shall I put it [...]? You have for example France, England, Italy [...]. In following their instincts and impulses they are capable of many follies, of upsetting the world, of putting the match to the gunpowder. But this much can be said for them – and it is rather reassuring – that whether their motives be good or bad, whether they are actuated by the pride or passion, they are human people, they have in them the common strain of humanity, they are, in spite of all, of the same race, and see and feel in the same way.[365]

Besonders abfällig spricht er über die Deutschen, wenn es um deren Einstellung zum Leben geht. Nicht nur, dass die deutsche Kultur abgewertet wird, es wird sogleich „den Deutschen" ein Trieb zum Töten unterstellt:

> In the German spirit – in German art, philosophy, literature – one finds a lack of appreciation of what life really is, of its charm and grandeur, and an unhealthy, satanic liking for death. Those animals love death. [...] Why are they like that? I have no idea. [...] Look again at their poets:

364 M. Jean Martet, „M. Clemenceau and the Versailles Peace Treaty", in: *Journal of the Royal Institute of International Affairs*, Vol. 9, Nr. 6 (Blackwell, Nov. 1930), S. 783–800, hier S. 790.

365 Ebenda, S. 792.

> you find death, on foot, in the saddle [...] everywhere! In every attitude, in every guise. They are governed, haunted by it. [...] It follows that the Boche and the Frenchman fight as well the one as the other; but they fight for different reasons: the Frenchman to defend his native land, to dazzle the populace, the Boche to kill.[366]

Der an Clemenceaus nationale Sichtweise anschließende Verweis des Autors auf die politischen Gegner der Ideen Clemenceaus zeigt auch, dass es in der Zwischenkriegszeit sehr wohl BefürworterInnen eines toleranteren Europas jenseits der sich gegenseitig aufschaukelnden nationalen Chauvinismen gab.

> Immediately after the death of M. Clemenceau I read an article – an excellent article, be it said – by Mr. Lloyd George. In it, while he spoke in the highest terms of the energy and courage of M. Clemenceau, he reproached him, though not explicitly, with a kind bitterness for having too passionately defended the interests of his country. Mr. Lloyd George seemed to regret that M. Clemenceau had not behaved as a great ‚European.' Alas! to the very great benefit of France M. Clemenceau was – as M. Léon Daudet has excellently put it – of *limited* intelligence, and he did not bother about understanding everything, for he wished neither to excuse nor to admit everything.[367]

Es gab damals auch in Frankreich, Großbritannien, Deutschland und Österreich eine Reihe von Intellektuellen, die sich für ein tolerantes, vereintes Europa der Kooperation und Zusammenarbeit und gegen eine Politik des Nationalismus einsetzten. M. Jean Martet verweist beispielsweise auf Persönlichkeiten wie Lloyd George, Marshal Foch, M. Poincaré, M. Briand, M. Louis Marin und M. Franklin-Bouillon.[368]

Doch die Zeit der großen EuropäerInnen war noch nicht gekommen. Im Gegenteil: Der Nationalismus war auch auf Ebene der politischen Eliten die vorherrschende Ideologie, da man damit versuchte, die Massen für seine politischen Ziele zu gewinnen. In Wien der 1890er-Jahre zeichnete sich mit dem antisemitischen Nationalismus des christlichsozialen Politikers Karl Lueger ein neues Phänomen ab, das sich nicht nur als ein kurzlebiges rhetorisches Instrumentarium, sondern als ein langfristiges Element der politischen Kultur Österreichs etablieren soll-

366 Ebenda, S. 792 f.
367 Ebenda, S. 793.
368 Vgl. ebenda, S. 793.

te. In einer Rede beim christlich-sozialen Arbeiterverein sagte der damalige Wiener Bürgermeister Lueger:

> In Wien muß der arme Handwerker am Samstag nachmittag betteln gehen, um die Arbeit seiner Hände zu verwerten, betteln muß er beim jüdischen Möbelhändler. (Sehr richtig!) Der Einfluß auf die Massen ist bei uns in den Händen der Juden, der größte Teil der Presse ist in ihren Händen, der weitaus größte Teil des Kapitals und speziell des Großkapitals ist in Judenhänden und die Juden üben hier einen Terrorismus aus, wie er ärger nicht gedacht werden kann. Es handelt sich uns darum, in Österreich vor allem um die Befreiung des christlichen Volkes aus der Vorherrschaft des Judentums.[369]

Mit der Auflösung der Monarchie ist der antisemitische Nationalismus nicht verschwunden, sondern er wurde auf politischer und gesellschaftlicher Ebene zu einer diskursiven Tradition, die auch innerhalb der politisch Linken Anhänger fand. Dies war, kurz umrissen, die Ausgangsposition bei der Gründung der Ersten Republik am 12. November 1918.

4.2. Die Erste Republik – Anfänge einer eigenständigen österreichischen nationalen Identität

Im Friedensvertrag von Saint-Germain 1919 wurde der Ersten Republik der Name Deutsch-Österreich sowie auch der Anschluss an Deutschland verboten. Jegliche Referenden über einen Anschluss an Deutschland wurden untersagt, und die Eigenstaatlichkeit Österreichs als sogenannter „Rumpfstaat" wurde von den Alliierten durchgesetzt. Dies wurde schlussendlich nur von der Christlich-Sozialen Partei akzeptiert, welche – nach einer anfänglichen Großen Koalition mit den Sozialdemokraten – ab 1922 an die Macht kam und damit begann, einen österreichisch-katholischen Nationalismus zu fördern.

Die damalige breite Unterstützung zugunsten einer Vereinigung mit Deutschland zeigen die eindeutigen Ergebnisse von Referenden in Ti-

369 Auszug aus einer Rede Karl Luegers in der am 20. Juli 1899 abgehaltenen Versammlung des christlich-sozialen Arbeitervereins in Wien, zit. nach: Weiningers Nacht, Europa-Verlag, Wien 1989. [https://www.habsburger.net/de/rede-karl-luegers-vom-20juli-1899 (07.07.2022).]

rol und in Salzburg, in welchen sich die Bevölkerungen zu 99 Prozent für die Vereinigung mit Deutschland aussprachen.[370] Folgende zwei Zeitungsberichte zum zehnten Gründungstag der Republik Österreich geben einen guten Einblick in die damalige politische Stimmungslage. Beide Lager, sowohl die Christlich-Sozialen als auch die Sozialdemokraten, waren der Auffassung, dass der Beginn der neuen Republik Österreich ein äußerst schwieriger war.

Aus sozialdemokratischer Perspektive zeigt der folgende Auszug aus der *Arbeiter-Zeitung*, „Es lebe die Republik!", deutlich, dass man mit der Vergangenheit, so furchtbar sie auch gewesen war, abgeschlossen hatte und die Zukunft in der Republik sah.

> In chaotischer Unordnung strömten die Soldaten in die Heimat: hungernd, zerlumpt, verwildert, von leidenschaftlicher Rachgier durchwühlt [...]. Die Kriegsbetriebe sperrten ihre Tore. Arbeitslos strömten Massen, Not und Qual und Verzweiflung in den Seelen, auf die Straße. Kein Mehl, kein Fett, kein Fleisch, keine Kohle im Lande. Der Hunger mordet die Alten und die Kinder. Die Verzweiflung marschiert durch die Straßen ... Slawen und Magyaren abgefallen. Das alte Reich zerschlagen. Alle staatliche Gewalt aufgelöst. Das Chaos, der blutige Krieg aller gegen alle um das letzte Stückchen Brot droht ... Aristokraten, reiche Bürger, Generale betteln bei den Generalen der Siegermächte, sie mögen Deutschösterreich mit ihren Truppen besetzen. [...]
> In der Zeit der Hungerrationen, in der Zeit, da selbst der Straßenbahnverkehr eingestellt und die Straßenbeleuchtung gedrosselt werden musste, weil keine Kohle da war, die Elektrizitätswerke zu speisen [...] hat die Sozialdemokratie die Massen mit rein geistigen Mitteln, ohne Appell an die Gewalt, geführt [...].
> So, gestützt auf das Vertrauen, auf die Einsicht, auf die Opferwilligkeit der Massen, hat die Sozialdemokratie die Republik aufgebaut.[371]

Auch die konservative *Reichspost* wies auf die Schrecken des Weltkrieges, den Zerfall des Reiches und die dramatischen Umstände der Gründungszeit hin. In dem Artikel „Gedenken" wird jedoch verstärkt auf die glorreiche Vergangenheit und den schädlichen Nationalismus

---

370 Vgl. Spohn, „Austria: From Habsburg Empire to a Small Nation in Europe" (wie 341), S. 60.

371 „Es lebe die Republik!", in: *Arbeiter-Zeitung*, 11. November 1928, Nr. 314 (Nov. 1928), S. 2, zit. nach: Forum Politische Bildung (Hrsg.), *Wendepunkte und Kontinuitäten: Zäsuren der demokratischen Entwicklung in der österreichischen Geschichte* (Wien, 1998), S. 58.

im ehemaligen multinationalen Reich hingewiesen. Das von den siegreichen Alliierten übermittelte Fremdbild des „übriggebliebenen Restes“ („L'Autriche c'est ce qui reste“[372], wie Clemenceau angeblich sagte) des einstigen Reiches prägte sich auch im österreichischen Bewusstsein ein und wurde unweigerlich zum Selbstbild. Insofern kann man es nicht als rein subjektive Wahrnehmung von deutschnationalen Extremisten abtun, wenn sich der Großteil der Bevölkerung damals nicht als stolze Österreicher, sondern als Deutsche gefühlt hat.

> Es ist nicht die Erinnerung an einen Sieg oder an den Triumph einer Idee zu feiern. […]
> Es hieße den Tag der Republik mit Unaufrichtigkeit und mit einer Geschichtlichen Unwahrheit begehen, wenn man den 12. Dezember [Sic! Korrekt ist: November.] 1918 in den Glanz eines heroischen Erlebnisses tauchte. Die Zerstückelung der Monarchie ist ein geschichtlicher Akt, der fast ausschließlich auf den Schlachtfeldern erledigt wurde. Gewiß waren die nationalen Kräfte, die an dem Gefüge des Habsburgerreiches rüttelten, sehr stark; aber sie wären alle zusammen nicht stark genug gewesen, den weitläufigen Bau in Trümmer zu legen, wenn nicht das Waffenglück und die wirtschaftliche Überlegenheit der alliierten Mächte gegen die Mittelmächte entschieden hätten. Diese Wahrheit bildet das erste Kapitel der Geschichte aller Nachfolgestaaten und besonders des neuen Österreich.
> Man kann von einer österreichischen Revolution kaum sprechen. Unser Land ist übriggeblieben, als die anderen Nationen zu den Siegern abschwenkten, um ihre nationalen Ziele zu verwirklichen oder gegen allzu harte Friedensbedingungen Schutz zu suchen. […]
> Vergessen wir nicht, daß mit der Erringung der Selbstständigkeit Deutschösterreichs der schmerzliche Verlust blühender deutschösterreichischer Länder verbunden war, vergessen wir nicht, daß ein großes, organisch gewachsenes Wirtschaftsgebiet zerrissen wurde, daß die deutschösterreichische Arbeit ihre sichersten Märkte, die deutschösterreichische Intelligenz viele Tausende von Arbeitsstätten verlor; vergessen wir nicht, daß Wien aufhörte, die Hauptstadt Mitteleuropas zu sein und durch lange Zeit eine Stadt der Armut wurde. Vergessen wir nicht auf diese Tatsachen – nicht um unsere Herzen mit Bitterkeit zu erfüllen, sondern um den 12. Dezember mit dem geziemenden Ernst zu begehen. […]
> Auch unsere Ehrenpflicht ist es, jener Mitbürger im Soldatenkleid zu gedenken, die den Geburtstag des neuen Österreich nicht mitfeiern können, weil sie für das alte Österreich gefallen sind.
> Die große Mehrheit des österreichischen Volkes hat bis in den Sommer 1918 an die Möglichkeit einer Neukonstruktion der Donaumonarchie ge-

372 Zit. nach: Luif, „The Austrian View of Nationality“ (wie 346), S. 88.

> glaubt. Auch manche sozialdemokratische Führer, nicht die schlechtesten Köpfe unter ihnen, hingen mit dem Herzen an dem alten Reich; [...] nur eine kleine Gruppe schlug einen revolutionären Kurs ein, und zwar erst dann, als der Sieg der Mittelmächte zweifelhaft geworden war.
> In den Wochen des Zusammenbruchs änderte sich das Bild. Nun wollten sie plötzlich alle geborene Revolutionäre und Väter der Republik sein.[373]

Im Laufe der Zeit etablierte sich eine gewisse Akzeptanz der Ersten Republik als eigenständiger Staat. Problematisch war jedoch die schwierige wirtschaftliche Lage und dass man sich kulturell noch immer als der deutschen Nation zugehörig fühlte. Dies sollte sich auf politischer Ebene vor allem mit der Errichtung der nationalsozialistischen Herrschaft in Deutschland schlagartig ändern.

Mit der Errichtung der nationalsozialistischen Herrschaft im Deutschen Reich, der massiven nationalsozialistischen Anschlusspropaganda und der zunehmenden Radikalisierung der österreichischen Innenpolitik, welche in der Errichtung der Diktatur in Österreich gipfelte, kam es zu grundlegenden Veränderungen. Das austrofaschistische Regime[374], das ab 1934 unter Engelbert Dollfuß die Macht übernahm, wollte mithilfe einer „Österreichideologie" die nationale Identität Österreichs gegenüber den Deutschnationalen fördern. So wurden die Geschichte der Habsburgermonarchie und die des Heiligen Römischen Reiches deutscher Nation so interpretiert, dass sich daraus eine historische „österreichische Mission" zur Errichtung des „Wahren Reiches" ableiten ließ.[375] Diese Ideologie wies jedoch gegenüber dem Nationalsozialismus eine sehr schwache Anziehungskraft auf, da im Grunde dieselben Ziele verfolgt wurden und beide Ideologien auf der deutschen Volkstumsideologie aufbauten, welche die deutsche Kultur als

---

373 „Gedenken", in: *Reichspost*, 11. November 1928, Nr. 315 (Nov. 1928), S. 1–2, zit. nach: Forum Politische Bildung (Hrsg.), *Wendepunkte und Kontinuitäten* (wie 373), S. 59.

374 Anstelle des hier verwendeten Begriffs „Austrofaschismus" wird in der Literatur auch des Öfteren vom „Ständestaat" gesprochen. Da die in der Verfassung festgeschriebenen Stände in der Realität nie umgesetzt wurden und eine aktive Partizipation der Bevölkerung an der Politik nicht zugelassen wurde, kann man nur schwerlich von einem Ständestaat sprechen.

375 Vgl. Staudinger, „Die nationale Frage im Österreich der Ersten und Zweiten Republik" (wie 342), S. 173.

überlegen ansah und daraus für die Zukunft eine kulturell begründete, politische Vorherrschaft in Europa beanspruchte.[376]

Ein Element dieser „Österreichideologie" wirkt bis in die Zweite Republik und wurde zu einem wichtigen Pfeiler in der Konstruktion der nationalen Identität der ÖsterreicherInnen als der „besseren Deutschen". Dabei beruhte die Konstruktion der „besseren Deutschen" in der Österreichideologie auf der Annahme, dass den Deutsch-ÖsterreicherInnen zwei Aufgaben zukämen: „[...] die innerdeutsche Missionierung vor allem der in diesem Verständnis schlechteren nationalsozialistischen Deutschen durch die sozusagen ‚besseren', weil katholischen, ‚geschmeidigeren', kulturell angeblich höher stehenden Deutschen in Österreich und auf Grund dieser Vorzüge die Führung des Gesamtdeutschtums durch die österreichischen Deutschen im Rahmen der in europäischer, ja weltweiter Perspektive gesehenen ‚deutschen Mission'."[377]

Ähnlich wie bei der modernen nationalen Identität Österreichs der Jahre nach dem Zweiten Weltkrieg, nutzte auch die Österreichideologie der Ersten Republik Symbole und Mythen der Habsburgermonarchie. Trotz der Neugründung der beiden „neuen" (republikanischen) Österreiche war der politischen Elite scheinbar klar, dass die historischen Symbole und Mythen des „alten" (monarchistischen) Österreichs in ihrer identitätsstiftenden Wirkung bei der Entwicklung einer österreichischen nationalen Identität unersetzbar sind. Anton Pelinka verweist auf die alten Elemente des Österreichpatriotismus ab 1934.

> Unter Rückgriff auf Symbole des alten Österreich – ausgedrückt in den wieder eingeführten Uniformen der k.u.k.-Armee und in den nun wieder offiziell genehmigten Adelstiteln – wurde eine Kontinuität zwischen der transnationalen Großmacht der Monarchie und dem kleinen Österreich betont.[378]

Die Ansprüche und die Realität dieser Österreichideologie klafften so weit auseinander, dass ihre Defensivkraft gegenüber dem Nationalso-

376 Vgl. ebenda, S. 173 f.

377 Ebenda, S. 173.

378 Anton Pelinka, „Österreichische und jüdische Identität", in: Anton Pelinka, Huber Sickinger & Karin Stögner, *Kreisky Haider: Bruchlinien österreichischer Identitäten* (Wien, 2008), S. 1–23, hier S. 14.

zialismus des Deutschen Reiches sehr gering war. Zudem unterstützte sie auch das Gefühl der kulturellen Zugehörigkeit der österreichischen StaatsbürgerInnen zur deutschen Nation. Dies trug in der Folge dazu bei, dass 1938 der Anschluss ideologisch leichter zu akzeptieren war.[379]

4.3. Die moderne österreichische nationale Identität in der Zweiten Republik

Mit der Errichtung eines ökonomisch erfolgreichen, demokratischen Staates gelang es den PolitikerInnen der Zweiten Republik nach Ende des Zweiten Weltkrieges, eine vom Deutschnationalismus getrennte österreichische nationale Identität aufzubauen. Die Rahmenbedingungen für diesen Prozess der Identitätsbildung waren zur Gänze unterschiedlich zu jenen des Jahres 1918. Während nach Auflösung der Monarchie die Eigenstaatlichkeit Österreichs abgelehnt wurde und eine Vereinigung mit Deutschland das klare Ziel der meisten österreichischen PolitikerInnen war, gab es 1945, nach den Schrecken des Dritten Reiches, keinen Zweifel daran, dass die österreichische Politik ihre demokratische Eigenstaatlichkeit zurückgewinnen wollte.[380]

Hinzu kam, dass man sich durch die Erfahrungen der Jahre von 1938 bis 1945 bewusster denn je war, dass man sich von Deutschland unterschied beziehungsweise auch unterscheiden wollte. Dies wird heute als opportunistisch eingestuft, da man den ÖsterreicherInnen vorwerfen kann, dass sie sich ihrer Verantwortung an den Verbrechen des Naziregimes entledigen wollten und den Mythos, das erste Opfer Hitlerdeutschlands gewesen zu sein, tatkräftig unterstützten.[381] Die Auseinandersetzung mit der Mitschuld Österreichs an den Verbrechen des Dritten Reiches begann erst sehr spät und wurde vor allem mit der sogenannten „Waldheim-Affäre“ zum Thema der öffentlichen Diskussion.

379 Vgl. Staudinger, „Die nationale Frage im Österreich der Ersten und Zweiten Republik“ (wie 342), S. 175.

380 Vgl. Staudinger, „Die nationale Frage im Österreich der Ersten und Zweiten Republik“ (wie 342), S. 176.

381 Vgl. Luif, „The Austrian View of Nationality“ (wie 346), S. 93.

Der sogenannte „Opfermythos“ war ein Grundstein für die Entwicklung der Zweiten Republik, da durch ihn das Selbstbild der ÖsterreicherInnen und das Fremdbild Österreichs durch die Alliierten bestimmt wurden. Es handelt sich dabei um das Narrativ, dass die souveräne Republik Österreich durch den Einmarsch Hitlerdeutschlands zum ersten Opfer Nazideutschlands wurde. Diese sehr einseitige Darstellung wurde benutzt, um einerseits Österreich gute Bedingungen für die Friedensverhandlungen zu gewähren. Andererseits wurde für die Alliierten dadurch auch garantiert, dass Deutschland und Österreich nicht wieder vereinigt wurden. Die Teilung Deutschlands war von jeher eines der obersten Ziele alliierter Politik, sodass die Vergangenheitsbewältigung der österreichischen Bevölkerung natürlich nachrangig war. Zusätzlich war die Verbreitung dieses Narrativs auch Teil der Identitätspolitik der Alliierten, zusammen mit der österreichischen Politik eine eigene nationale österreichische Identität zu formen und diese im Bewusstsein der Bevölkerung zu vertiefen. „There were continuous efforts to institutionalize national symbols, to nationalize the universities, to re-write school books and to develop a public discourse on Austrian history and heritage.“[382] Auch wenn dieser Prozess natürlich zu einigen Konflikten und Debatten über die österreichische Geschichte führte, so war insbesondere die „Denazifizierungspolitik“[383] der Alliierten ein Schlüssel zur Konstruktion der österreichischen nationalen Identität.

Die Verdrängung der Mitschuld an den Verbrechen des Nationalsozialismus war auch dafür verantwortlich, dass es in Österreich nicht zu einer vollkommenen Neukonstruktion der nationalen Identität kam. Im Gegensatz dazu war die moralische Schuld Westdeutschlands unüberwindbar, und man rekonstruierte die deutsche nationale Identität in einer Form, die sich am besten als „Verfassungspatriotismus“ beschreiben lässt. Dieser sollte Deutschland als eine Staatsnation, welche sich durch einen inklusiven „Civic“-Patriotismus auszeichnete, rekonstruieren. Die neue inklusive nationale Identität sollte die traditionelle

382 Spohn, „Austria: From Habsburg Empire to a Small Nation in Europe“ (wie 341), S. 62.

383 Vgl. ebenda, S. 63.

deutsche Kulturnation mit ihrem exklusiven ethnischen, auf der völkischen Ideologie aufbauenden Kern ersetzen.

In Österreich bewirkte die Identitätspolitik, dass sich nach 1955 – also relativ spät – eine eigene österreichische nationale Identität entwickelte. Durch den Opfermythos gelang es den ÖsterreicherInnen nach 1945, sich als „die signifikant Anderen" gegenüber den „schlechten Deutschen" zu identifizieren. Diese Differenz zu Deutschland war es auch, welche die Entwicklung der eigenen nationalen Differenz in Österreich im Gegensatz zur Zwischenkriegszeit ermöglichte. Dass man die österreichischen Deutschnationalen von dieser Differenzierung ausnahm, ermöglichte deren einfache Eingliederung in die österreichische Gesellschaft. Dadurch lassen sich auch die vielen Kontinuitäten nach 1945 erklären.

> Wenn die Vorstellung, dass die österreichische Identität auf der Eigenständigkeit einer österreichischen Nation aufbaute, zur herrschenden Einstellung wird, dann musste der so hegemonial gewordene Österreich-Patriotismus seine innerösterreichische Trennschärfe verlieren. Die Trennschärfe einer weitgehend akzeptierten österreichischen nationalen Identität richtete sich damit zunehmend nach außen – in Abgrenzung vor allem zu Deutschland; und kaum mehr nach innen – in Abgrenzung zum österreichischen Deutschnationalismus und den als negativ eingestuften Erfahrungen mit dessen Protagonisten. Mit dem Generationenwechsel wurde der Österreich-Patriotismus zum ‚mainstream' […] normalisiert.[384]

Dies lieferte exakt jene Voraussetzungen, die für die Herausbildung einer eigenen nationalen Identität notwendig waren, nämlich erstens die Differenz zu den Deutschen und zweitens die Charakteristika der österreichischen Nation. In der Fachliteratur zur Herausbildung kollektiver Identitäten, so auch von nationaler Identität, werden folgende Bedingungen als essenziell gesehen:

> […] the distinctiveness of a collective in relation to other collectives, on the one hand, and the particular characteristics of a collective regardless of distinctiveness, on the other. […] Sameness and difference, ‚us' and ‚them' are central to the concept of identity in the former sense; this is about the formation, strength, and implications of conceptions of sameness and difference […] [Zum Beispiel das Ausmaß, in welchem sich ÖsterreicherInnen als „anders" gegenüber den Deutschen sehen; die Art, in

384 Pelinka, „Österreichische und jüdische Identität" (wie 378), S. 17.

welcher solche Perzeptionen rekonstruiert werden und die österreichische Gesellschaft sowie die Individuen beeinflussen]. Identity research in the latter sense is simply concerned with what is special, or thought to be special, about people who share an identity in the former sense [...] [Zum Beispiel: Was bedeutet es, österreichisch zu sein?].[385]

Die historischen Probleme bei der Ausbildung der österreichischen Identität als Nation betrafen vor allem deren mangelnde kulturelle Differenz zu Deutschland. Da nach 1945 Deutschlands nationale Identität mithilfe des sogenannten Verfassungspatriotismus als Staatsnation – als Antithese zur traditionellen deutschen Kulturnation – rekonstruiert wurde und sich Österreich politisch entschlossen von Deutschland distanzierte, gelang es ab 1950, mit dem symbolischen Akt der Unterzeichnung des Staatsvertrages ein österreichisches Nationalbewusstsein zu etablieren. Das berühmte Narrativ der viel umjubelten Rede des damaligen Außenministers Leopold Figl im Mai 1955 in Wien, bei der er den symbolischen Akt der Wiedererlangung der Souveränität der Republik Österreich mit dem Ausruf „Österreich ist frei!" vor begeisterten Massen kundtat, zeigt den Enthusiasmus, der im Gegensatz zur Ersten Republik anscheinend vorhanden und für die Ausbildung der nationalen Identität von großer Bedeutung war.

Wenn man die klassische Unterscheidung von nationalen Identitäten nach *ethnic* und *civic* durchführt, so kann man Elemente der modernen österreichischen nationalen Identität als *ethnic*, also ethnisch definiert, einordnen. „Ethnic identity [...] encompasses the perception of community based on common history, a common culture, a common language, and/or a common religion. Civic identity, on the other hand, is about one's way of organising society."[386] Wie bei so vielen Klassifikationen, ist auch bei dieser Unterscheidung in der Realität selten eine der beiden in Reinform zu finden. Im Falle Österreichs handelt es sich, wie bei den meisten real existierenden nationalen Identitätskonstruktionen, um eine Mischform. Doch im Ländervergleich wird deutlich, dass man von einer überwiegend ethnisch definierten

385 Karin Gilland & Kjell Goldmann, „Nationality and Europeanisation: Conclusions", in: Kjell Goldmann und Karin Gilland (Hrsg.), *Nationality versus Europeanisation: the national view of the nation in four EU countries* (Stockholm, 2001), S. 166–184, hier S. 167.

386 Ebenda, S. 168.

nationalen Identität sprechen kann, auch wenn sie natürlich nicht von allen ÖsterreicherInnen oder politischen Gruppierungen gleich gesehen wird.

> Still it is reasonable to characterise the Austrian conception of national identity as comparatively ethnic […].“ Dieser Befund lässt sich auch durch Analyse der Parteien bestätigen: „[…] two of Austria's three main political parties, the People's Party and the Freedom Party [ÖVP und FPÖ], conceive of Austrian identity as largely a matter of culture, history, tradition, and way of life. The Social Democratic view [SPÖ] is mixed and tends towards the civic end of the scale, but it too includes the notion of Austrian identity as a matter of history, language and culture.[387]

Der Grund für die ethnische Prägung der österreichischen nationalen Identität im Gegensatz zum deutschen Verfassungspatriotismus ist in der unterschiedlichen Neukonstruktion der beiden Identitäten zu suchen. Durch die moralische Befangenheit der deutschnationalen, völkischen Ideologie versuchte man sich im „neuen“ Deutschland nach 1945 von der traditionellen Idee der exklusiv definierten deutschen Kulturnation zu distanzieren. Im Gegensatz dazu herrschte in Österreich durch den „Opfermythos“ und die Euphorie über die wiedererlangte Souveränität ab 1955 ein gewisser Nationalstolz, der sich durch das Narrativ des Wirtschaftswunders und den raschen Wohlstand im Bewusstsein der Bevölkerung vertiefte. Diese nationale Identität baute jedoch auf der vorhandenen Identität als Kulturnation auf und wurde nicht, wie in Deutschland, durch eine Rekonstruktion als Staatsnation ersetzt.

> The Austrians defined themselves, due to the ambiguities of the national meaning of the German cultural legacy, primarily as a Staatsnation and, at the same time, substituted gradually the German Kulturnation with an Austrian Kulturnation. This substitution included a purification of the German and Habsburg imperial components, the re-definition in a small-Austrian sense, and the transformation of regional and local traditions to national cultural salience. But the former German Kulturnation remained a layer of Austrian national identity either in its ethnic-völkish or in its cultural enlightenment components.[388]

387 Ebenda.

388 Spohn, „Austria: From Habsburg Empire to a Small Nation in Europe“ (wie 341), S. 63.

Bei dieser neuen Identitätskonstruktion handelt es sich um eine Kombination aus neuen Elementen der Staatsnation mit alten Elementen der Kulturnation und Elementen der „Österreichideologie". Neue Elemente sind zum Beispiel der „Opfermythos", die immerwährende Neutralität (Österreich als Insel zwischen den zwei Blöcken, Ost und West), der Wohlfahrtsstaat als nationales Symbol des ökonomischen Erfolges sowie auf Ebene der Politik die Konsensorientiertheit – als Anti-These zum Lagerkampf der Ersten Republik – ein Korporatismus in Form der Sozialpartnerschaft und die Regierungsform der Großen Koalition. Auf gesellschaftlicher Ebene zeichnet sich diese Konsensorientiertheit durch sozialen Frieden aus.[389]

Ein anderes wichtiges Element, welches besonders die Differenz gegenüber den Deutschen hervorhebt, stammt aus der „Österreichideologie". Hierbei handelt es sich unter anderem um das Stereotyp der gemütlichen, „geschmeidigen" ÖsterreicherInnen, die an Kultur, Musik und gutem Essen interessiert sind. Diese Eigenschaften haben ihren Ursprung im Selbstbild der Deutsch-Österreicher der Habsburgermonarchie, welches dann von der „Österreichideologie" übernommen wurde. Den Kontrast zu den gemütlichen, genießenden ÖsterreicherInnen bildeten dann die effizienten, auf Fortschritt achtenden PreussInnen.

Andere traditionelle Elemente sind die föderale Struktur und die Wertschätzung der Bundesländer. Diese haben bis heute eine historisch ungebrochene Vormachtstellung, wenn es um Identität in Österreich geht. Der schon erwähnte Staatsvertrag steht symbolisch für die politische und soziale Definition als „Willensnation" und stellt eine *Civic*-Komponente in der Konstruktion der nationalen Identität dar.[390] Dass es sich dabei um ein solch wichtiges Symbol handelt, liegt wohl daran, dass es lange Zeit für unmöglich gehalten wurde, die sowjetische Zustimmung für einen militärischen und politischen Rückzug der Sowjetunion aus Österreich zu erhalten. Dass dies gelang, lag zuletzt auch an Stalins Tod im März 1953. Wenn man die objektive historische Beschreibung liest, dann hört sich die Beschreibung des Staatsvertrages weit weniger geeignet an, um daraus ein großartiges nationales Symbol für Österreich zu machen. „On May 15, 1955, the State Treaty was

389 Vgl. Luif, „The Austrian View of Nationality" (wie 346), S. 95.
390 Vgl. ebenda.

signed. The treaty forbade unification with Germany or restoration of the Habsburgs and provided safeguards for Austria's Croat and Slovene minorities. Austrian neutrality and a ban on foreign military bases in Austria were later incorporated into the Austrian constitution by the Law of October 26, 1955."[391] In Schulbüchern werden die Hauptpunkte und deren Hintergründe natürlich nicht erwähnt. Vielmehr wurde aus der „erzwungenen" Neutralität eines der Hauptelemente österreichischer Identität.

Die Kombination aus *Ethnic-* und *Civic*-Elementen der österreichischen nationalen Identität macht es für politische Parteien möglich, einen exklusiven Nationalismus zu aktivieren. Das Faktum, dass die Ausformung einer eigenen nationalen Identität nach 1945 höchste Priorität hatte, kann auf die Erfahrungen der Ersten Republik zurückgeführt werden. Da es aber in Österreich keine Tradition einer republikanisch definierten nationalen Identität *à la française* gab und auch die deutsche romantische Tradition der Kulturgemeinschaft nach den Erfahrungen ab 1938 diskreditiert war, entschied man sich für eine Kombination aus verschiedenen Elementen, welche jedoch eine starke österreichischnationale Prägung und eine nachhaltige Identifikation der Bevölkerung mit Österreich gewährleisten sollte.[392]

Da die Stabilität und Dauerhaftigkeit von nationalen Identitäten insbesondere durch „Ethno-Symbole"[393] gesichert wird, verwundert es nicht, dass manche Elemente der modernen österreichischen nationalen Identität in der Tradition der deutschen Kulturnation stehen und sie daher auch exklusiv – über „ethno-symbolische" kulturelle Elemente und historisch begründete Mythen und Narrative sowie über die deutsche Sprache – konstruiert wird. Insbesondere „junge Nationen", so eben auch Österreich, neigen zur Ausprägung einer exklusiven nationalen Identität, welche politisch wirksamer ist als die Identitätskonstrukte „alter Nationen", die oft auf inklusiven Elementen aufbauen.[394]

391 Johnson, „The Society and Its Environment" (wie 345), S. 65.

392 Vgl. Luif, „The Austrian View of Nationality" (wie 346), S. 96.

393 Siehe dazu im Detail die Theorie des „Ethno-Symbolismus" von Anthony D. Smith.

394 Unter „alten Nationen" versteht man Nationen wie zum Beispiel Frankreich oder England. „Junge Nationen" wären dementsprechend Österreich, die Ukraine, die Slowakei oder Kroatien.

Diese nationalen Identitätskonstrukte sind für die Errichtung und die Stabilität eines neuen, modernen Nationalstaates aus innenpolitischer Sicht förderlich.

Gerade bei demokratischen politischen Systemen spielt die Identifikation der Bevölkerung mit dem Staat eine große Rolle. Ohne eine gewisse kollektive Identität kann ein moderner demokratischer Wohlfahrtsstaat seine Funktionen, wie zum Beispiel die Sicherstellung von breiter politischer Partizipation am politischen System, Steuereinhebungen und redistributiver Maßnahmen, aufgrund mangelnder Legitimation nicht erfüllen. Bei historischer Betrachtung Österreichs wird deutlich, wie sehr der Erfolg der „Nationsbildung" auch von den Rahmenbedingungen abhängig ist. Einer der grundlegenden Erfolgsfaktoren der Zweiten Republik war nicht nur der politische Wille, sondern es waren vor allem die – im Gegensatz zur Zeit der Ersten Republik – äußerst positiven ökonomischen Rahmenbedingungen. Mithilfe der finanziellen Unterstützung der USA für den Wiederaufbau aus dem Marshallplan und in der darauffolgenden Zeit des sogenannten Wirtschaftswunders waren die Rahmenbedingungen ideal, um eine kollektive Identität aufzubauen.

Der Erfolg der österreichischen Identitätspolitik nach dem Zweiten Weltkrieg lässt sich anhand *Abbildung 2* empirisch nachweisen. Hier wird deutlich, dass die gezielte Identitätspolitik in der Zweiten Republik einen deutlichen Erfolg bei der Ausformung und Einprägung einer spezifisch österreichischen nationalen Identität aufzuweisen hat.

Abbildung 2: Österreichisches Nationalbewusstsein, 1964–2000[395]

Österreichisches Nationalbewusstsein (Prozent Zustimmung zur Aussage)

	ÖsterreicherInnen sind eine Nation	ÖsterreicherInnen beginnen sich langsam als Nation zu fühlen	ÖsterreicherInnen sind keine Nation	keine Ahnung
1964	47	23	15	15
1970	66	16	8	10
1977	62	16	11	11

395 Quelle: Luif, „The Austrian View of Nationality" (wie 346), S. 94.

1980	67	19	11	3
1987	75	16	5	4
1989	79	15	4	2
1990	74	20	5	1
1992	78	15	5	2
1993	80	12	5	3
1994	79	16	4	1
1996	78	15	5	2
1998	77	15	6	2
1999	83	7	7	3
2000	78	10	5	7

Im Jahr 1964 stellten demnach noch 47 Prozent der ÖsterreicherInnen fest, dass sie keine Nation seien. 23 Prozent der ÖsterreicherInnen waren der Meinung, langsam zu beginnen, sich als Nation zu fühlen. Ganze 15 Prozent jedoch stellten 1964 fest, dass Österreich keine Nation sei. Die restlichen 15 Prozent antworteten, nicht zu wissen, ob Österreich eine Nation sei.

1977 waren es dann schon 62 Prozent die meinten, Österreich sei eine Nation. Doch es waren immer noch 11 Prozent, welche der Überzeugung waren, dass Österreich keine Nation sei. Weitere 11 Prozent wussten keine Antwort auf die Frage, ob Österreich eine Nation sei. Zehn Jahre später, 1987, waren es dann schon 75 Prozent, welche die Meinung vertraten, Österreich sei eine Nation. Nur mehr 5 Prozent der Befragten meinten, Österreich sei keine Nation. In den 1990er-Jahren bis zum Jahr 2000 blieben die Werte der Befragten, welche meinten, Österreich sei eine Nation, konstant bei ungefähr 80 Prozent. Die ÖsterreicherInnen, welche immer noch fanden, Österreich sei keine Nation, überschritten niemals den Wert von 7 Prozent. Diese Abbildung verdeutlicht, wie erfolgreich die Politik des sogenannten *Nation-Building* in Österreich nach dem Zweiten Weltkrieg war. Die weiter oben ausgeführten Elemente der österreichischen Identität bildeten den Grundstein zur effektiven Einprägsamkeit und der Nachhaltigkeit des Nationalbewusstseins. Da die ethnischen Komponenten äußerst stabil sind, ist es von großer Wichtigkeit, sich die Entwicklung der *Civic-* und *Ethnic-*Elemente genauer anzusehen.

Nach dem Zusammenbruch der UdSSR und dem darauffolgenden Ende des Ost-West-Konfliktes wurde Österreichs Selbstbild als wichtiger neutraler Staat zwischen den Blöcken plötzlich bedeutungslos. In *Abbildung 3* wird deutlich, dass es im Jahre 1989/90 zu einer Krise der österreichischen nationalen Identität kam. Waren es 1989 vor der Wiedervereinigung Deutschlands noch 79 Prozent, die Österreich als Nation sahen, so reduzierte sich dieser Wert 1990 auf 74 Prozent. Schließlich entschied man sich 1995 zur Eingliederung in die Europäische Union. Diese neue Rolle Österreichs hatte auch auf die Identität folgenreiche Auswirkungen. Willfried Spohn fasst die wichtigsten drei Folgen zusammen:

> First, there has been a further consolidation of an Austrian political national identity with diminishing tensions between the Austrian and German cultural components. Second, a contributing factor to the consolidation of Austrian national identity has been the growing political and cultural pluralisation of the Austrian nation. Thirdly, of importance here has been the rising impact of immigration and (im)migrant ethnic minorities and, as reaction, the transformation of the traditionally Great-German oriented right-wing nationalism into an Austrian neo-nationalism.[396]

Als Folge dieses österreichischen Nationalismus und der fehlenden kritischen Auseinandersetzung mit der nationalsozialistischen Vergangenheit kann man eine Anfälligkeit für nationalistischen Rechtspopulismus innerhalb eines nicht zu unterschätzenden Teiles der österreichischen Bevölkerung konstatieren. Rechtspopulistische Parteien, wie die FPÖ, greifen dabei mehr oder weniger erfolgreich auf vorhandene Muster ausgrenzender, exklusiver nationaler Identität zurück.

Der Schriftsteller Robert Menasse analysierte die flexiblen, aber durchaus beständigen Eigenschaften der österreichischen Identität in seinem Essay „Es war zweimal: Der Wiederholungszwang in der Zweiten Republik“, aus dem Jahre 1992. Dabei stellte er pointiert fest, dass es gerade für Österreich keine Stunde null geben kann. Es gibt kein „neues“ Österreich, und die vergangenen oft traurigen bis schrecklichen Epochen sind nicht nur ein Teil der österreichischen Geschichte, sondern der Umgang damit sei typisch für die österreichische Identität.

> Völlig zu Recht, auch wenn er es nicht so meinte, sagte daher der Präsident des österreichischen Verwaltungsgerichtshofes a.D. Edwin Loebenstein bei einer Tagung anlässlich von ‚40 Jahren Republik Österreich –

---

396 Spohn, „Austria: From Habsburg Empire to a Small Nation in Europe“ (wie 341), S. 64.

> 30 Jahre Staatsvertrag': Österreichs Stellenwert verständlich zu machen, ‚das dürfte, so glaube ich, in den vergangenen Jahrzehnten, sieht man von gewissen Pannen ab, die man besser vergessen und dem Ausland gegenüber als bedauerliche Fehlleistungen darstellen sollte, einigermaßen gelungen sein.'
> Fehlleistungen sind nach Freud Kompromißbildungen zwischen der bewußten Intention und dem Verdrängten. Da das Verdrängte in Österreich aber so besonders lebendig ist und sich immer wieder so peinlich in Fehlleistungen zeigt, wird nie darauf vergessen zu mahnen: ‚Besser vergessen!' Wiederholungen haben in Österreich keinen therapeutischen Effekt, etwa im Sinn von ‚Erinnern – Wiederholen – Durcharbeiten', sie passieren vielmehr auf Grund des Prinzips ‚Vergessen – Wiederholen – Dem Ausland erklären'. Die Gelassenheit, die Österreich diesbezüglich zeigt, obwohl dies allen historischen Erfahrungen zu widersprechen scheint, ist eigentümlicherweise selbst das Produkt einer historischen Erfahrung: nämlich der, daß die Österreicher die bisherigen Katastrophen so relativ unbeschadet überleben und in privaten Kontinuitäten erlösen konnten […].[397]

Das aktive Vergessen von Fehlleistungen und deren Wiederholung zeigen sich bis heute. Wenn bei aktuellen Wahlkämpfen in Österreich Israel und der Islam, Juden und Muslime von rechtspopulistischen PolitikerInnen als die signifikant „Anderen", instrumentalisiert werden, so ist es fraglich, wie diese PolitikerInnen die Geschichte Österreichs verarbeitet haben. Während heute niemand – oder kaum jemand – unter die Rubrik „Antisemit" fällt, so ist die diskursive Tradition des antisemitischen Nationalismus, wenn auch in abgewandelten und zum Teil neuen Formen, auch heute noch sichtbar und wirksam. In der Literatur findet man hierzu die These vom „Antisemitismus ohne Antisemiten"[398]. Ein Beispiel hierfür ist die folgende Aussage des damaligen Vizekanzlers Heinz-Christian Strache über die Central European University (CEU) bei einer gemeinsamen Pressekonferenz mit dem Bundeskanzler Sebastian Kurz im Jahr 2018: „Wie Sie wissen handelt es sich um eine sogenannte Wanderuniversität, die keinen Referenzcampus hat."[399] Der verwendete Begriff der „Wanderuniversität" kon-

397 Robert Menasse, „Es war zweimal: Der Wiederholungszwang in der Zweiten Republik", in: *Ein-Sichten und Vor-Bilder. Überlegungen, Materialien und Texte zur Identität Österreichs* (Schulheft 66, 1992), S. 23–32, hier S. 30

398 Bernd Marin, *Antisemitismus ohne Antisemiten: Studien zur Vorurteilsdynamik* (Frankfurt am Main; New York, 2000).

399 Siehe https://www.diepresse.com/5541070/strache-bezeichnet-central-european-university-als-wanderuniversitaet (07.07.2022).

struiert eine Analogie zum antisemitischen Begriff des „Wanderjuden". Er impliziert in der antisemitischen, rechtsnationalen Diskurstradition ein kosmopolitisch und liberal eingestelltes Kollektiv von Juden, das durch seine antinationale und antipatriotische Haltung als „Heimatlose" das Gefüge der österreichischen Nation gefährden.

Zweifellos hat es bei der Gründung der Zweiten Republik Bestrebungen gegeben, einen Schlussstrich unter die Vergangenheit zu ziehen und neu anzufangen. Die nationale Identität jedoch ist in ihrer Konstruktion nicht neu. Wie wir im zweiten und dritten Kapitel gesehen haben, zeichnet sich nationale Identität ja gerade dadurch aus, dass sie ihre Effektivität aus vorhandenen „ethno-symbolischen" Elementen, historischen Mythen, Traditionen und überlieferten Narrativen bezieht. Deshalb ist es auch nicht verwunderlich, dass die exklusiven Elemente der österreichischen nationalen Identität bei Aktivierung, beispielsweise durch Rechtspopulismus, immer noch wirksam sind.

5. Populistischer Nationalismus als Triebfeder für EU-Ablehnung

Die Instrumentalisierung der in der Konstruktion der österreichischen Identität vorhandenen Muster von exklusiv definierter nationaler Identität auf Basis von Herkunft bietet für nationalpopulistische Parteien oder Gruppierungen die Möglichkeit, ihre Klientel politisch zu mobilisieren. Eine Voraussetzung dafür bietet auch die durch Migration veränderte Bevölkerungsstruktur Österreichs. Wie man in *Abbildung 3*, die die Zunahme des Bevölkerungsanteils ohne österreichische Staatsbürgerschaft darstellt, deutlich erkennen kann, zeichnet sich die heutige österreichische Gesellschaft durch einen hohen Anteil an Personen mit Migrationshintergrund[400] aus. Vor dem Hintergrund des sogenannten *ius sanguinis*, des Prinzips der Vererbbarkeit der österreichischen Staatsbürgerschaft, bildet sich durch diesen Trend eine wachsende Gruppe von Menschen, die formal von der Staatszugehörigkeit ausgeschlossen ist.

400 Als Personen mit Migrationshintergrund werden hier Menschen bezeichnet, deren beide Elternteile im Ausland geboren wurden. Diese Gruppe lässt sich in weiterer Folge in Migrantinnen und Migranten der ersten Generation (Personen, die selbst im Ausland geboren wurden) und in ZuwandererInnen der zweiten Generation (Kinder von zugewanderten Personen, die aber selbst im Inland zur Welt gekommen sind) untergliedern. Diese Definition von Migrationshintergrund folgt den „Recommendations for the 2010 censuses of population and housing", Seite 90, der United Nations Economic Commission for Europe (UNECE).

Abbildung 3: Anteil der Bevölkerung ohne österreichische Staatsbürgerschaft, 1961–2019[401]

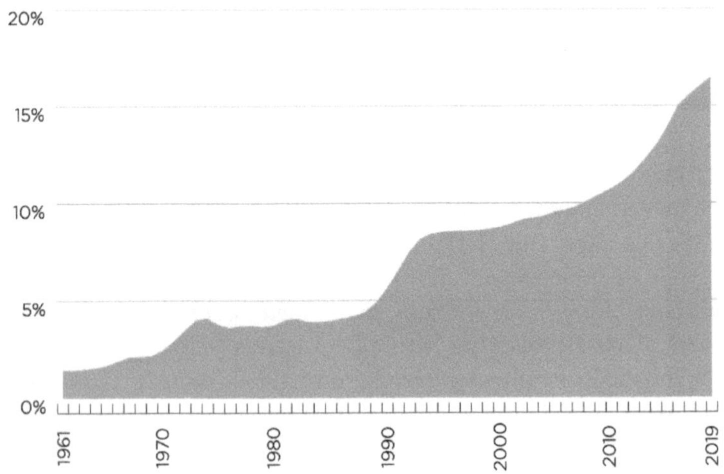

In der Folge der Zuwanderung, welche insbesondere von der FPÖ politisch instrumentalisiert wurde, kam es zu einem Anstieg der Politisierung von kollektiven Identitäten und deren Differenz. Dabei ist interessant, dass nicht nur Rechtspopulisten, wie in der Vergangenheit Jörg Haider und Heinz-Christian Strache, die Ängste und den exklusiven, weil kulturell und ethnisch definierten Nationalismus schüren. Auch nicht „rechte" Organisationen, wie zum Beispiel Arbeiterorganisationen, versuchen damit die sogenannten „Modernisierungsverlierer" in ihrer Klientel, in Opposition zu vermeintlich „korrupten" Eliten, zu mobilisieren.[402]

Die Voraussetzungen für den Erfolg von Rechtspopulismus, Fremden- und Islamfeindlichkeit liegen aber nicht nur im Kontext der Bevölkerungsstruktur, sondern auch in den ethno-symbolischen und histori-

401 Statistik Austria, *Statistisches Jahrbuch: Migration & Integration* (Wien, 2020), S. 28.

402 Vgl. Spohn, „Austria: From Habsburg Empire to a Small Nation in Europe" (wie 341), S. 65.

schen Komponenten der österreichischen nationalen Identität begründet, welche nach 1945, aufgrund mangelnder kritischer Verarbeitung der Geschichte, zum Teil weitergeführt wurden. „As compared to Germany, one of the crucial reasons for this is the lack of, or less impact of, a critical reassessment of the Nazi past and thus a stronger cultural and political continuity of traditional (anti-)foreign stereotypes."[403]

Eine besondere Rolle bei der Verbreitung, Aktivierung und Bestätigung von nationalistischen Gefühlen spielen in Österreich einerseits die rechtspopulistische FPÖ, die seit den 1990er-Jahren begann, ausländerfeindliche und EU-kritische Kampagnen zu führen. Andererseits spielten auch Boulevardmedien wie die Kronenzeitung eine zentrale Rolle. Als auflagenstärkstes Printmedium des Landes fiel die Kronenzeitung in der Vergangenheit immer wieder durch nationalistische Kampagnen auf, in denen sie einen exklusiven Österreich-Nationalismus und Vorurteile gegen die EU und kollektive „Andere" wie AsylbewerberInnen und ZuwandererInnen schürte. Dies geschah zum Teil im Zusammenspiel mit rechten Akteuren wie der FPÖ oder in der jüngeren Vergangenheit auch mit Mitte-Rechts-Akteuren wie der von Sebastian Kurz geführten Volkspartei (ÖVP).

5.1. Generelle Grundlagen des Rechtspopulismus

Wie schon oben ausgeführt, spielen die Konstruktion der nationalen Identität und die Verbreitung von Nationalismus durch Massenmedien eine wichtige Rolle bei der Zunahme des Rechtspopulismus in Österreich. Da jedoch Populismus kein auf rechte Ideologie und auch nicht ein auf Österreich beschränktes Phänomen darstellt, ist es wichtig, zuerst auf dessen Grundlagen näher einzugehen, um dann im weiteren Verlauf die österreichspezifischen Auswirkungen analysieren zu können.

Die Ursachen und Entstehungsgründe der zunehmenden Attraktivität von Rechtspopulismus in den letzten Jahren führt Frank Decker auf die negativen Folgen der globalisierten Moderne zurück, nämlich Desintegration und Fragmentierung. Dabei unterscheidet er Veränderun-

403 Ebenda, S. 65 f.

gen im Bereich der Ökonomie, der Kultur und des Sozialen.[404] Ökonomisch kommt es zu einem Abbau wohlfahrtsstaatlicher Sicherungen und in der Folge zu einer Vergrößerung der Unterschiede zwischen Arm und Reich.[405] Langfristig kommt es zu einer Verschärfung der Abstiegsängste eines wachsenden Teiles der bisherigen Mittelschicht. Entscheidend für die mögliche Instrumentalisierung der aufkommenden Ängste ist nicht die objektive ökonomische Situation der Betroffenen, sondern es sind vielmehr deren subjektive Gefühle der eigenen Benachteiligung in einem immer intensiver werdenden „Verteilungskampf".[406]

Verbunden damit kommt es auch zu einer sozialen Unsicherheit und Entfremdung, wodurch sich immer größere Teile der Bevölkerung politisch nicht mehr vertreten fühlen. Dies führt nicht nur auf nationaler Ebene zur oft diskutierten „Politikverdrossenheit", sondern spielt auch bei der EU-Kritik eine wichtige Rolle. Wie Jörg Flecker und Sabine Kirschenhofer feststellen, kommt es zu einem Zerfallsprozess der bisher stabilen Lohnarbeitsgesellschaft, wodurch nicht nur berufliche Biografien von dauernden Brüchen gekennzeichnet werden, sondern es auch zu einer zunehmenden gesellschaftlichen Desintegration kommt: „Destabilisierung und Prekarität bedeuten, dass die gesellschaftliche Integration, also Teilhabe und Anerkennung, bedroht oder akut gefährdet ist. […] Im Hinblick auf ihre Betroffenheit von den Folgen des Umbruchs sind weniger etwaige absolute Verschlechterungen als vielmehr die relativen Benachteiligungen von Bedeutung."[407]

Durch den zunehmenden Rationalisierungs- und Flexibilisierungsdruck der Unternehmen, eine zunehmende ökonomische Unsicherheit von ArbeiterInnen und Unterschicht kommt es auch zu vermehrtem

404 Vgl. Frank Decker, „Die populistische Herausforderung. Theoretische und ländervergleichende Perspektiven", in: Frank Decker (Hrsg.), *Populismus: Gefahr für die Demokratie oder nützliches Korrektiv?* (Wiesbaden, 2006), S. 9–32, hier S. 14.

405 Zur genaueren Analyse des Abbaus des österreichischen Sozialsystems siehe: Emmerich Tálos, *Vom Siegeszug zum Rückzug: Sozialstaat Österreich 1945–2005* (Innsbruck, 2005).

406 Vgl. Decker, „Die populistische Herausforderung. Theoretische und ländervergleichende Perspektiven" (wie 404), S. 14.

407 Jörg Flecker & Sabine Kirschenhofer, *Die populistische Lücke: Umbrüche in der Arbeitswelt und Aufstieg des Rechtspopulismus am Beispiel Österreichs* (Berlin, 2007), S. 13.

Abbau von Sozialsystemen und nationalstaatlichen Leistungen in einer globalisierten Welt. Die subjektiven Gefühle der Bedrohung und die Abstiegsängste betreffen vor allem die BürgerInnen in den wohlhabenden Staaten und Regionen wie Österreich, dem Vereinigten Königreich, Dänemark, der Schweiz, Norditalien, Flandern, den Niederlanden oder Norwegen.[408] Dieser „Verteilungskampf" unter den sogenannten „Modernisierungsverlierern", also jenen Gruppen, die besonders von den negativen Seiten der Globalisierung bzw. auch Europäisierung betroffen sind, findet also besonderen emotionalen Nährboden in den reicheren Regionen und Ländern Europas.

Folgende Aussage erklärt auch, wieso die EU für PopulistInnen als idealer Sündenbock für die negativen Folgen der Globalisierung dienen und gleichzeitig Nationalismus geschürt werden kann: „Verlorene Handlungsspielräume lassen sich zwar auf der supra- und transnationalen Ebene partiell zurückgewinnen; gerade dadurch werden sie aber der demokratischen Kontrolle und Beeinflussbarkeit entzogen, die bislang ausschließlich im nationalstaatlichen Rahmen ihren Platz hatten."[409] Gerade die Übertragung von Souveränität an die EU stellt zwar eine partielle Erweiterung der Einfluss- und Steuermöglichkeiten dar, verhält sich aber bei der Wahrnehmung durch die BürgerInnen höchst unterschiedlich. Bei großen Staaten, wie Deutschland oder Frankreich, fällt die Kommunikation der erweiterten Einflussmöglichkeiten um ein Vielfaches leichter als in kleinen, bisweilen außergewöhnlich wohlhabenden Ländern, wie Österreich. Das Beispiel der erfolgreichen Brexit-Kampagne zeigt, dass ein „*Take back control*"-Diskurs auch bei großen Mitgliedstaaten wie dem Vereinigten Königreich mehrheitsfähig sein kann. Die folgende Abbildung zeigt, wie die FPÖ schon im Jahr 2014 bei den Europawahlen, also vor der Brexit-Kampagne und Donald Trumps „Make America great again" von 2016, auf einen Renationalisierungsdiskurs setzte. Zentrale Slogans der Wahlkampagne der FPÖ zur EU-Wahl 2014 waren: „Zuerst Österreich, dann die EU" und: „Wir machen Österreich stark!" Wie sehr man Negatives auf die EU projizierte, verdeutlicht auch der im Nationalrats-

408 Vgl. ebenda, S. 14.

409 Decker, „Die populistische Herausforderung. Theoretische und ländervergleichende Perspektiven" (wie 404), S. 14.

wahlkampf 2013 gebrauchte Slogan „Österreich zuerst statt EU- und Euro-Wahnsinn!“

Nun zum dritten Bereich der Veränderungen, welcher für den Populismus von größter Bedeutung ist: der Kultur. Unschwer ist zu erkennen, dass die Hauptargumentation der Rechtspopulisten nicht ausschließlich auf den ökonomischen Verteilungskampf abzielt. Vielmehr geht es nicht nur in Österreich, sondern in weiten Teilen Europas um eine angebliche kulturelle Bedrohung der westlichen Werte durch „Überfremdung“ und multikulturelle Gesellschaft. Gerade die Slogans der FPÖ in den Wahlkämpfen der jüngeren Vergangenheit suggerieren eine Art Kulturkampf zwischen türkisch-islamischer und christlich-abendländischer Kultur. Wahlkampfparolen wie „Daham statt Islam“, „Pummerin statt Muezzin“, „Wien darf nicht Istanbul werden“, „Deutsch statt nix verstehn“ oder „Abendland in Christenhand“ sprechen eine deutliche Sprache.[410]

Die zunehmende Möglichkeit der Instrumentalisierung von kultureller Differenz ist auf Veränderungen durch die Globalisierung im Bereich der Immigration zurückzuführen. Durch Massenmigration über Kulturkreise hinweg sind Differenzen des Lebensstils und religiöser Zugehörigkeit sichtbarer geworden. Einstmals scheinbar homogene Nationen, die ihre Identität auf eine dominante und institutionell verankerte Mehrheitskultur begründen konnten, finden sich nun inmitten von multiethnischen und multikulturellen Gesellschaften wieder.[411] Ein wichtiges Merkmal des Rechtspopulismus ist die Abgrenzung von Minderheiten, wobei diese sehr unterschiedlich definiert werden können. Es kann sich beispielweise um kulturell, religiös oder sprachlich definierte Konstruktionen von Minderheiten gegenüber einer „Mehrheitsgesellschaft“ handeln. Hier wird deutlich, wieso der kulturell definierte Nationalismus für die FPÖ so fruchtbar ist.

410 Vgl. Decker, „The European Parliament elections in Austria will be the latest battleground in the far-right's challenge to the country's EU consensus“ (wie 344).

411 Vgl. Decker, „Die populistische Herausforderung. Theoretische und ländervergleichende Perspektiven“ (wie 404), S. 14.

Abbildung 4: Wahlplakate der FPÖ zur EU-Wahl 2009[412]

Das linke Plakat in *Abbildung 4* zeigt, wie die FPÖ einen zivilisatorischen Nationalismus in Opposition zu muslimischen Bevölkerungsgruppen artikuliert. In der Mitte findet sich ein Wahlplakat, welches den zweiten oben erläuterten Aspekt anspricht: die vermeintliche Entfremdung europäisch orientierter PolitikerInnen von der nationalen Bevölkerung. Ganz rechts findet sich ein populistischer Slogan, welcher die EU als antisoziales neoliberales Projekt im Interesse der Konzerne darstellt. Die Abbildung illustriert, wie die FPÖ systematisch alle drei oben erläuterten Dimensionen des Rechtspopulismus artikuliert und somit einen populistischen Nationalismus formt, der die Ablehnung gegenüber der EU fördert.

412 Credit: Barbara Gindl/APA/picturedesk.com.

5.2. Spezifischer österreichischer Nationalstolz als Basis für EU-Gegner

Gerade in einem Wohlfahrtsstaat wie Österreich sind die subjektiven materiellen Erwartungen für die politische Einstellung der BürgerInnen sehr bedeutsam. Der Mythos vom wirtschaftlichen Erfolgsmodell Österreich, das trotz der Kleinstaatlichkeit und gerade wegen seiner nationalen Eigenschaften durch fleißige BürgerInnen und einen tragenden Mittelstand zu einem wohlhabenden Wohlfahrtsstaat aufgestiegen ist, ist bis heute ein Fundament des österreichischen Nationalbewusstseins.

Eine gute Analyse zu den konkreten Komponenten des österreichischen Nationalbewusstseins liefert eine ländervergleichende Studie über *National Pride* (Nationalstolz), welche im Rahmen des *International Social Survey Program*[413] (ISSP) durchgeführt wurde. Darin wurden die nationalen Identitäten von verschiedenen Ländern empirisch verglichen. Die erste Runde fand 1995/96 in 24 Ländern statt, die zweite 2003/04 in 33 Ländern. Der in der Studie abgefragte Nationalstolz wird als positives Gefühl, das die Öffentlichkeit gegenüber ihrem Land als Resultat ihrer nationalen Identität empfindet, definiert. Auch wenn Nationalstolz mit Patriotismus und Nationalismus zusammenhängt, so ist es wichtig festzuhalten, dass Nationalstolz, ein positives Nationalbewusstsein, koexistent mit Patriotismus und eine Voraussetzung für Nationalismus ist. Nationalismus ist im Gegensatz zum Patriotismus nicht nur die Liebe zur eigenen Nation, sondern noch viel mehr als Nationalstolz, nämlich wenn man sein eigenes Land über alle anderen stellt.[414]

Bei der Auswertung der Studie fallen mehrere Dinge auf, welche auf die außergewöhnlich starke Ausprägung der österreichischen nationalen Identität hinweisen. Sie stehen im Zusammenhang mit den im 3. Kapitel gemachten Ausführungen dazu, dass exklusive nationale Identität und extremer Nationalstolz der Ausformung einer europäischen Identität im Wege stehen können. Diese Einstellungsmuster

413 Vgl. Tom W. Smith & Seokho Kim, „National Pride in Cross-national and Temporal Perspective“, in: *International Journal of Public Opinion Research*, Nr. 18 (Spring, 2006), S. 127–136.

414 Vgl. ebenda, S. 127.

resultieren aus der spezifischen historischen Formation der österreichischen nationalen Identität und stellen eine Ressource zur Mobilisierung für euroskeptische AkteurInnen dar.

Abbildung 5: Ländervergleich allgemeiner und spezifischer Nationalstolz 2003/04[415]

	Genereller Nationalstolz	**Spezifischer Nationalstolz**	**Durchschnittlicher Rang**
United States	17.7	4.0	1 (gleichrangig)
Venezuela	18.4	3.6	1 (gleichrangig)
Australia	17.5	2.9	3
Austria	17.4	2.4	4
South Africa	17.0	2.7	5
Canada	17.0	2.4	6
Chile	17.1	2.3	7
New Zealand	16.6	2.6	8
The Philippines	16.7	2.3	9
Israel	16.2	2.3	10
Denmark	16.6	1.7	11 (gleichrangig)
Hungary	17.0	1.6	11 (gleichrangig)
Ireland	15.3	2.9	11 (gleichrangig)
Uruguay	16.1	2.0	14
Portugal	16.2	1.6	15
Finland	16.1	1.8	16
Spain	16.5	1.6	17
Japan	15.9	1.8	18
Great Britain	15.1	2.2	19
Slovenia	16.1	1.1	20
Russia	16.7	1.3	21
Norway	14.9	1.3	22 (gleichrangig)
South Korea	16.0	1.0	22 (gleichrangig)
Czech Republic	15.1	1.3	24 (gleichrangig)
Switzerland	14.3	1.6	24 (gleichrangig)
France	14.4	1.5	26
Taiwan	15.6	0.9	27
Germany – West	14.5	1.0	28 (gleichrangig)

415 Quelle: Ebenda.

Poland	15.3	0.9	28 (gleichrangig)
Slovakia	14.5	1.1	28 (gleichrangig)
Sweden	14.0	1.2	31
Latvia	13.4	1.0	32
Germany – East	14.2	0.7	33
Bulgaria	NA	1.6	NA
Total	15.9	1.8	

In *Abbildung 5* fällt auf, dass Österreich einen im Verhältnis höheren allgemeinen Nationalstolz (*General National Pride*) hat als in spezifischen Bereichen (*Domain-Specific*). Dies ist bei der Analyse von großer Bedeutung, da der bereichsspezifische Nationalstolz nur die positiven Gefühle bezüglich erreichter Leistungen auf spezifischen Gebieten widerspiegelt. Dies hat nichts mit Nationalismus oder Chauvinismus zu tun. Der allgemeine Nationalstolz hingegen stellt das eigene Land sehr wohl über andere Nationen und ist ein wichtiger Indikator dafür, wie „national" die Bevölkerung eingestellt ist. Wegen dieses Unterschiedes verwundert es auch nicht, dass die Werte dieser beiden Kategorien in *Abbildung 5* eine Korrelation von 0.77 aufweisen.[416]

Bei der genauen Betrachtung des Durchschnitts beider Wertungen lässt sich ein deutlicher Trend ablesen. An der Spitze befinden sich Venezuela und die USA, gefolgt von ehemaligen Kolonien und ausnahmslos „neuen" Nationen. Alle ehemaligen englischen Kolonien befinden sich im ersten Drittel, weit über England, welches an 19. Stelle zu finden ist. Auch die ehemaligen spanischen Kolonien befinden sich fast alle im ersten Drittel, Spanien hingegen auf dem 17. Platz. Hier fällt jedoch auf, dass sich Österreich als einziges europäisches Land im oberen Drittel befindet, sogar auf dem vierten Rang. Was die untere Hälfte der Rangliste betrifft, so gibt es auch hier einen deutlichen Trend zu beobachten. Hier finden sich die Länder der UdSSR und Länder aus Ostasien (Japan, Taiwan, Südkorea). Den 33. und letzten Platz nimmt das Gebiet der ehemaligen DDR ein. Diese Trends lassen den Schluss zu, dass neuere Nationen, insbesondere ehemalige englische und spanische Kolonien, zu einem stärkeren Nationalstolz neigen

416 Vgl. ebenda, S. 128.

als die ehemaligen sozialistischen Staaten, wo die Ausformung eines Nationalstolzes deutlich gehemmt ist.

Bezüglich Österreichs kann man zwar die Tendenz eines leicht sinkenden Nationalstolzes feststellen, dennoch stellt Österreich mit einem sehr stark ausgeprägten Nationalstolz die große Ausnahme in Europa dar. Bei Eintritt in die EU befand sich Österreich auf Platz eins bezüglich des allgemeinen Nationalstolzes, wie man in *Abbildung 6* erkennen kann. Der allgemeine Nationalstolz der österreichischen Bevölkerung verlor zwar im Laufe der europäischen Integration etwas an Stärke, ist jedoch noch immer im absoluten Spitzenfeld auf Rang drei hinter den USA und Australien zu finden. Beim bereichsspezifischen Analyseteil fällt auf, dass der österreichische Nationalstolz im Vergleich nicht so stark ausgeprägt und daher auf Platz 8 zu finden ist. Dabei ist jedoch auffällig, dass sich der nationale Stolz vor allem auf das Sozialsystem und den ökonomischen Erfolg bezieht. Dies mag auch als Erklärung dafür dienen, weshalb der Rechtspopulismus der FPÖ in Österreich seine Klientel findet.

Abbildung 6: Ranking des allgemeinen Nationalstolzes zwischen 1995/96 und 2003/04[417]

	Rang		Veränderung des Scores
	1995-06	**2003-04**	
Austria	1	3	-0.14
United States	2	1	0.50
Australia	3	2	0.47
Hungary	4	5	0.34
Canada	5	4	0.47
The Philippines	6	8	0.20
New Zealand	7	7	0.16
Japan	8	10	-0.49
Ireland	9	12	-0.97
Spain	10	8	0.52
Slovenia	11	9	0.12
Norway	12	16	-0.88

417 Quelle: Smith & Kim, „National Pride in Cross-national and Temporal Perspective“ (wie 413).

Poland	13	13	-0.49
Great Britain	14	14	-0.23
Russia	15	11	0.39
Sweden	16	20	-0.42
Czech Republic	17	15	0.75
Latvia	18	21	-0.47
Germany - West	19	17	0.88
Germany - East	20	19	0.59
Slovakia	21	18	0.93

Die weiteren allgemeinen Korrelationen mit Nationalstolz, die unten in *Abbildung 7* zu erkennen sind, deuten darauf hin, dass es wohl einen Zusammenhang zwischen Nationalismus und Euroskeptizismus gibt. Generell führt demnach ein starker Nationalstolz zu bestimmten exklusiven Erwartungen an die „wahren" Mitglieder der Nation. Ferner neigen Menschen mit großem Nationalstolz zur Ablehnung von internationalen Organisationen, Multilateralismus und Globalisierung. Sie unterstützen hingegen lieber nationalistische *policies*, wie zum Beispiel wirtschaftlichen Protektionismus.

Abbildung 7: Korrelationen zwischen Nationalstolz und Einstellungen gegenüber anderen Themen (alle Länder) für 2003/04[418]

	Allgemeiner Nationalstolz	Spezifischer Nationalstolz
Domain-specific national pride	.336	—
True national member	.464	.288
Anti-internationalism/internationalism	.365	.116
Pro-globalization	–.164	.003
Favorable views on immigrants	–.195	.045

Zudem korreliert Nationalstolz negativ mit einer positiven Sicht auf ImmigrantInnen. Aufgrund dieser Korrelationen kann man auch für Österreich festhalten, dass die starke Ausprägung der nationalen Identität und der darauf basierende Nationalstolz seinen Teil zur EU-Ablehnung eines Teiles der Bevölkerung beiträgt. Wie schon in Kapitel 3 theoretisch begründet wurde, spielen nicht nur kognitive, rationale

418 Ebenda.

Überlegungen, sondern auch nationale Gefühle und Emotionen bei der Beurteilung der EU eine entscheidende Rolle.

Die Ergebnisse der Eurobarometer-Umfragen verdeutlichen signifikante Unterschiede der Zustimmung gegenüber der EU im Ländervergleich. So hielten zum Beispiel im Jahr 2008 80 Prozent der Niederländer, 71 Prozent der Luxemburger, 67 Prozent der Iren, 65 Prozent der Rumänen sowie 65 Prozent der Belgier und Polen die EU-Mitgliedschaft für eine gute Sache. Demgegenüber lag Österreich mit 39 Prozent an viertletzter Stelle.[419] Ähnlich verhält es sich bei der Bewertung der Vorteile durch die Mitgliedschaft in der EU. Hier meinten im Durchschnitt aller Mitgliedstaaten 56 Prozent der BürgerInnen: „Ja, die EU bringt insgesamt Vorteile." An der Spitze stehen hier Irland mit 79 Prozent und Estland mit 78 Prozent, gefolgt von der Slowakei mit 77 Prozent. Österreich liegt mit 47 Prozent an der sechstletzten Stelle. Schlusslicht ist Ungarn zusammen mit dem Vereinten Königreich mit 39 Prozentpunkten. Der alles entscheidende Punkt ist, dass diese Werte nur eine Momentaufnahme bedeuten. Faktum ist nämlich, dass Österreich seit dem Frühjahr bis zum Herbst 2008, also dem Beginn der Wirtschaftskrise, 11 Prozentpunkte zugelegt hatte – den mit Abstand größten Wert in der EU.[420] Wenn man sich nun die Zeitreihen der Eurobarometerdaten von 2004 bis 2008 ansieht, so stellt man fest, dass Österreich eine kontinuierliche Ablehnung gegenüber der EU von zumeist über 20 Prozent aufzuweisen hat.[421]

Aussagekräftig ist das Ergebnis der Umfrage des „Spezial Eurobarometers 307", wo bei der Frage zwölf das Vertrauen der BürgerInnen in verschiedene Institutionsebenen abgefragt wurde. *Abbildung 8* zeigt das für Österreich auffällige Ergebnis vom Jahr 2008 und dessen Bestätigung mehr als ein Jahrzehnt danach im Jahr 2021.

---

419 Vgl. Standard-Eurobarometer 70, „Erste Ergebnisse", in: *TNS opinion & social* (Herbst 2008), S. 32 f.

420 Vgl. ebenda, S. 37 f.

421 Vgl. Standard-Eurobarometer 61 (Frühjahr 2004).

Abbildung 8: Vertrauen in öffentliche Institutionen, 2008–2021[422]

Lokal/regional			National			EU		
Land	**2008**	**2021**	**Land**	**2008**	**2021**	**Land**	**2008**	**2021**
EU27	50 %	57 %	EU27	34 %		EU27	47 %	47 %
FI	72 %	63 %	FI	68 %		SK	70 %	43 %
DK	70 %	78 %	NL	66 %		EE	67 %	63 %
SE	68 %	66 %	CY	65 %		NL	64 %	54 %
AT	**67 %**	**67 %**	DK	60 %		RO	63 %	49 %
DE	65 %	76 %	LU	60 %		BE	61 %	46 %
NL	64 %	67 %	SE	56 %		DK	60 %	61 %
BE	63 %	59 %	MT	50 %		SI	60 %	50 %
FR	62 %	62 %	**AT**	**50 %**				
…	…	…	…	…		….	…	…
RO	39 %	42 %	PL	20 %				
GR	34 %	36 %	LT	16 %				
BG	31 %	44 %	HU	16 %		**AT**	**42 %**	**42 %**
LT	31 %	52 %	LV	16 %		IT	41 %	45 %
IT	25 %	37 %	BG	15 %		UK	25 %	…

Die österreichische Bevölkerung liegt beim Vertrauen in die lokalen und regionalen Behörden im Spitzenfeld in Europa. Dies bedeutet, dass man in Österreich mit der regionalen Verwaltung nicht nur zufrieden ist, sondern den Behörden auch vertraut. Auf nationaler Ebene liegt das Vertrauen zwar noch über dem EU-Durchschnitt, aber es ist deutlich niedriger als jenes gegenüber den regionalen Behörden. Das Vertrauen in die EU beträgt ist EU-Durchschnitt fast so hoch wie gegenüber den regionalen Behörden und sogar deutlich höher als gegenüber den nationalen Regierungen. Hier fällt Österreich mit dem niedrigsten Wert nach den ohnehin überall äußerst misstrauischen ItalienerInnen und BritInnen auf. Nur 42 Prozent der Österreiche-

422 Eigene Zusammenstellung (Quellen: Spezial Eurobarometer 307, „Rolle und Einfluss lokaler und Regionaler Gebietskörperschaften innerhalb der Europäischen Union", Herbst 2008, und Standard-Eurobarometer 96, „Die öffentliche Meinung in der Europäischen Union", Winter 2021–2022).

rInnen vertrauen den Institutionen der EU. Bei der Frage „Für wie geeignet halten Sie Ihre MdEPs[423], um Ihre persönlichen Interessen auf europäischer Ebene zu verteidigen?“ hielten 2009 nur 11 Prozent der ÖsterreicherInnen diese für geeignet. Dies bedeutete absolutes EU-Schlusslicht. Diese Ergebnisse deuten darauf hin, dass die ÖsterreicherInnen mit den Behörden auf lokaler, regionaler und nationaler Ebene überdurchschnittlich zufrieden sind und diesen großes Vertrauen entgegenbringen. Wenn wir nun die Ergebnisse der aktuellen Welle dieser Eurobarometer-Umfrage von Winter 2021/22 heranziehen, bestätigt sich der Befund.

Wenn man die vorangegangenen Ergebnisse Revue passieren lässt, so wird deutlich, dass die ÖsterreicherInnen einen für europäische Verhältnisse enorm stark ausgeprägten Nationalstolz haben, der sich jedoch weniger auf einzelne erbrachte Leistungen bezieht als auf die Überhöhung gegenüber anderen Nationen. Wenn man bedenkt, dass die anderen Nationen mit ähnlich starkem Nationalstolz alle aus ehemaligen Kolonien entsprangen und genauso wie Österreich sehr jung sind, so scheint dieser Faktor eine große Rolle zu spielen. Wie am Anfang dieses Kapitels festgestellt wurde, war die Gründung des „neuen“ Österreichs nach 1945, mithilfe einer starken, einenden nationalen Identität, letztendlich von Erfolg geprägt. Der Bezug der österreichischen Bevölkerung zur Nation ist im europäischen Vergleich überdurchschnittlich stark ausgeprägt. Was einerseits zur Einheit, zur nationalen Geschlossenheit und zu ökonomischen und sozialen Errungenschaften geführt hat, steht heute zum Teil einer europäischen Identität im Weg. Diese soll durch ihr kosmopolitisches Wesen nicht nur die Nationalismen überwinden, sondern auch den Weg zu einer toleranten, inklusiven neuen Gemeinschaftsform ebnen.

5.3. Artikulation nationaler Positionen in Bezug auf weltpolitische Bruchlinien

Ein Problem für die beiden etablierten Parteien der Mitte, SPÖ und ÖVP, ist, dass sie sich lange Zeit nicht der realen Ängste der Bevöl-

423 Die Mitglieder des Europäischen Parlaments.

kerung angenommen haben. Aus „Volksparteien" wurden sogenannte „Kartellparteien", welche sich mit dem *Status quo* begnügen, um ihren politischen Besitzstand zu sichern. Dadurch begannen sie die Unterstützung von objektiv und/oder subjektiv abstiegsbedrohten Gruppen zu verlieren. Populismen wie „Wir sind für den kleinen Mann" und „Gegen die EU-Eliten" fielen zunehmend auf fruchtbaren Boden. „Weder das Schicksal der unteren Schichten, noch die Nachteile, die deren Mitglieder durch Einwanderung zu ertragen haben, finden in der Gesellschaft Anerkennung. [...] Gerade Mitglieder der sozialen Unterschichten erleben die Schattenseiten der multikulturellen Gesellschaft und werden mit einer politischen Ideologie des ethnisch homogenen Nationalstaats konfrontiert, der in krassem Widerspruch zu ihrer Lebenswirklichkeit steht."[424]

Auch das politische System Österreichs, die Institutionalisierung von Sozialpartnerschaft und Großer Koalition als Idealtypus einer Konkordanzdemokratie, neigt dazu, populistische Protestparteien zu fördern. Denn wenn die Parteien der Mitte durch jahrzehntelangen Proporz ein Herrschaftskartell bilden und dadurch die politischen Eliten zur Abgehobenheit neigen, bietet dies Angriffsfläche für Protestparteien.[425] Populistische Akteure behaupten dabei, dass nur sie das „wahre Volk" gegenüber den abgehobenen Eliten vertreten, und sie bauen dabei auf die überhöhten positiven Attribute des „Volkes": „Es ist einfach, ehrlich und vernünftig, arbeitet hart und ist grundanständig. Dies ist Balsam für die geschundenen Seelen der Modernisierungsverlierer."[426] Den verunsicherten und sozial isolierten Menschen, die selbst keine Möglichkeit der politischen Artikulation haben, wird dadurch ein Gefühl der Zugehörigkeit vermittelt und eine kollektive Identität mit emanzipatorischem Potenzial angeboten.

Traditionell stehen die Mitte-Links-Sozialdemokraten (SPÖ) und die Mitte-Rechts-Volkspartei (ÖVP) für einen liberalen EU-Konsensus, der seit den 1990er-Jahren etabliert wurde und dem sich auch kleinere

424 Flecker & Kirschenhofer, *Die populistische Lücke* (wie 407), S. 21 f.

425 Vgl. Decker, „Die populistische Herausforderung. Theoretische und ländervergleichende Perspektiven" (wie 404), S. 15.

426 Vgl. Tim Spier, „Populismus und Modernisierung", in: Frank Decker (Hrsg.), *Populismus: Gefahr für die Demokratie oder nützliches Korrektiv?* (Wiesbaden, 2006), S. 33–58, hier S. 37.

Parteien wie die „Grünen“ sowie die später gegründeten liberalen „NEOS“ angeschlossen haben. Im Gegensatz dazu steht die FPÖ als derjenige Akteur, der durch seine kontinuierliche und systematische Artikulation von populistischen und rechtsnationalistischen Positionen die Konstruktion einer illiberalen Ablehnungsfront gegenüber der EU vorantreibt. Im Jahr 2008 lautete der Slogan der FPÖ „Heimat statt Schüssel und Brüssel!“[427] Bei der Wahl zum EP im Jahr 2014, wo man knapp 20 Prozent erreichte, lautete der Slogan dann „Österreich rechnet ab mit Rot-Schwarz und EU“.

Ein zentraler Erfolgsfaktor der FPÖ ist dabei die Fähigkeit, polarisierende und damit emotionale europäische und globale Themen in ihren heimischen Anti-Status-quo-Diskurs zu übersetzen.[428] Während die SPÖ eine defensive Pro-Status-quo-Haltung einnimmt, die sich durch das Fehlen einer identifizierbaren normativen Vision für die Zukunft Österreichs in der EU auszeichnet, hatte die ÖVP vorübergehend einen internen Reformprozess eingeleitet und ist ideologisch unter ihrem damaligen Kanzler Sebastian Kurz zwischen 2017 und 2021 merklich nach rechts gerückt. Zum traditionellen proeuropäischen und wirtschaftsliberalen Kern kamen neue, meist dezent und moderat vorgetragene EU-kritische Elemente, die, zumindest teilweise, auf nationalistischen Diskursen der FPÖ basierten, hinzu.

Nach den Parlamentswahlen 2013, bei denen die SPÖ und die ÖVP schließlich eine „Große Koalition“ bildeten, hatte die FPÖ ihren Anti-EU-Diskurs kontinuierlich vorangetrieben. Im ersten Jahr der Regierung kamen die beiden Zentrumsparteien zunehmend unter Druck der FPÖ, die sich in Fragen wie dem Militär, der europäischen Integration und dem Umgang mit dem Islam effektiv gegen die Regierungsparteien positioniert hatte. Eine Analyse der Wechselstimmen bei der Wahl 2013 zeigt, dass die FPÖ mit 33 Prozent den ersten Platz unter den Arbeitern belegte, während die SPÖ nur 24 Prozent erreichte. Die SPÖ verlor überwiegend gegen die FPÖ, während sich

427 Siehe: https://kurier.at/politik/inland/kurier-faktometer-heinz-christian-strache-im-faktencheck/18.813.426 (27.06.2022).

428 Vgl. Philipp Decker, „One year into office, Austria's grand coalition is under pressure from the growing popularity of the far-right Freedom Party“, in: *EUROPP – European Politics and Policy* (Oct. 2014b).

die neu gegründeten liberalen NEOS an der gesellschaftlichen Basis der ÖVP bedienen konnten. Während beide Koalitionsparteien ihre stärkste Anhängerschaft bei Rentnerinnen und Rentnern hatten, wurde die FPÖ überraschenderweise die beliebteste Partei bei der jüngeren Bevölkerung. Dieser demografische Aspekt weist darauf hin, dass den Zentrumsparteien eine proportional abnehmende soziale Basis traditioneller WählerInnen droht.[429]

Da der anhaltende Rückgang der Unterstützung in der Bevölkerung und im Inneren die Koalition prägte, kam es schließlich am 1. September 2014 zu einer Regierungsumbildung. Die von der SPÖ vorgenommenen Änderungen blieben marginal und beschränkten sich auf formale Änderungen in Bezug auf die Ministerposten. Auch wenn die SPÖ in Umfragen kontinuierlich an Zuspruch und damit Platz eins an die Freiheitlichen verlor, konzentrierte sich ihr Parteivorsitzender ganz auf die Stärkung der eigenen inneren Position. Auch nach der Wahl von Pamela Rendi-Wagner als neue Parteivorsitzende im Jahr 2018 bleibt die SPÖ recht vage, wenn es um die Artikulation aktueller gesellschaftlicher Probleme und eine konkrete politische Vision geht. Auffällig ist beispielsweise, dass sich die rechtsextreme FPÖ immer wieder als „soziale" und nationale Alternative zu den Sozialdemokraten präsentiert, die den Kapitalismus kritisch betrachtet und den Kampf gegen die Privilegien von Banken und Großkonzernen verspricht, während ein Spitzenfunktionär der SPÖ meinte, dass „Klasse" kein angemessener politischer Begriff mehr sei.

Im Gegensatz zu den Sozialdemokraten versuchte die Volkspartei nach den Wahlen von 2013, durch ein „junges und konservatives" Facelifting etwas von ihrem verlorenen Boden zurückzugewinnen. Teil dieser Strategie war die Ernennung von Sebastian Kurz zum jüngsten Außenminister der österreichischen Geschichte. Begleitet wurde diese personelle Verjüngung, die auch den Generalsekretärsposten betraf, von dem Versuch, die Partei in Richtung eines „neuen Konservatismus" zu positionieren. Die ÖVP reagierte auf das anhaltende Wachstum der NEOS, die begannen, einige ihrer urbanen, liberalen Anhänger abzuwerben. Im Jahr 2017 schließlich ersetzte die ÖVP ihren Parteivorsitzenden Reinhold Mitterlehner, einen ausgesprochen pragmatischen

429 Ebenda.

Vertreter in der Tradition der Großen Koalition, durch Sebastian Kurz, der nach den Neuwahlen ein ideologisch vergleichsweise rechts orientierter Kanzler einer ÖVP-FPÖ-Koalition wurde.

Ein wesentlicher Faktor, der zur wachsenden öffentlichen Unterstützung der FPÖ beitrug und der auch die Neuausrichtung der ÖVP beeinflusste, ist ihre Konfiguration als nationalistische Partei. Als solche hängt ihre ideologische Kapazität von ihrer Fähigkeit ab, ihre normative politische Vision gegenüber den Mainstream-Parteien zu artikulieren. Kontinuierlich kontextualisiert die Partei ihre innenpolitischen Positionen in Bezug zur Weltpolitik und fordert einen nationalen Weg abseits des liberalen EU-Konsensus. Durch Artikulation rechtsnationaler Positionen bei Themen wie dem Aufbau einer gemeinsamen europäischen Armee, besonders im Kontext der Ukraine-Krise seit 2014, oder dem Thema Migration, insbesondere seit der sogenannten Flüchtlingskrise 2015, versucht die FPÖ, eine Ablehnungsfront gegen den Status quo, identifiziert mit dem liberalen EU-Projekt, zu konstruieren. Auffällig war beispielsweise, dass die FPÖ medienwirksam eine Beobachtermission für das von Russland organisierte Referendum auf der Krim bekannt gab und somit einer Einladung Russlands nachkam.[430] Zentral war die Solidarität mit Russland in Opposition zur Haltung der NATO und einer als „liberal“ und „proamerikanisch“ interpretierten EU.

Abbildung 9: Einstellung der ÖsterreicherInnen zur NATO, März 2022[431]

Für NATO-Betritt	Eher ja	Eher Nein	Gegen NATO-Beitritt	Keine Angabe
5 %	7 %	18 %	63 %	7 %

Im Kontext des Russland-Ukraine-Krieges wurde im März 2022 in Österreich eine Umfrage zu einem möglichen NATO-Betritt Österreichs durchgeführt. Die Ergebnisse in *Abbildung 9* zeigen, dass die

430 Siehe: https://www.spiegel.de/politik/ausland/krim-referendum-front-national-fpoe-und-lega-nord-sind-eingeladen-a-958334.html (28.06.2022).

431 Umfrage im Auftrag von PROFIL vom 7. bis 10 März 2022, unter 800 Befragten ab 16 Jahren in Österreich. Quelle: https://de.statista.com/statistik/daten/studie/1096513/umfrage/neutralitaet-vs-nato-beitritt-in-oesterreich/#professional (18.05.2022).

überragende Mehrheit von insgesamt 81 Prozent der Befragten der Meinung war, dass Österreich auch in Zukunft weiter an seiner Neutralität festhalten solle. Dagegen befürworteten nur 12 Prozent einen NATO-Beitritt, der von Zeit zu Zeit von liberalen und proeuropäischen AkteurInnen – als Mitte-Rechts und Mitte-Links der Mitte – auf die Agenda gesetzt wird.

Wie andere euroskeptische Parteien auch, so passt sich die FPÖ an spürbare Veränderungen in der öffentlichen Meinung an. Als nach dem Brexit-Referendum im Vereinigten Königreich die Unterstützung für die EU-Mitgliedschaft Österreichs in der österreichischen Bevölkerung merklich zunahm, adaptierte auch die FPÖ ihren Diskurs in diese Richtung.[432] Während die FPÖ in der Vergangenheit mit dem Gedanken gespielt hatte, für ein Referendum zu einem potenziellen „Öxit" einzutreten, verfolgt sie in der aktuellen Konjunktur einen verhältnismäßig weichen euroskeptischen Kurs. Wie diese Studie zeigte, bleibt durch Österreichs historisch gewachsene nationale Identität das Potenzial eines harten Euroskeptizismus bestehen.

432 Vgl. Paul Schmidt, „Austria: Taking a Walk on the Wild Side", in: Michael Kaeding, Johannes Pollak & Paul Schmidt (Hrsg.) *Euroscepticism and the Future of Europe: Views from the Capitals* (Cham, 2021), S. 5–8.

6. Resümee

Zum Abschluss dieser Arbeit sollen hier die Erkenntnisse und Schlüsse zusammengefasst werden. Dass die EU ein politisches Projekt ist, welches speziell von Eliten getragen wurde und auch weiter getragen wird, ist eine politisch-soziologische Notwendigkeit. Wie gezeigt, ist es äußerst schwierig, supranationale Identitäten mit großer Zugkraft zu erzeugen. Dies kann sogar unter Umständen das Feld für eine nationalistische Reaktion bereiten. Gerade durch Konkurrenzsituationen und Polarisierung in nationalen politischen Feldern kann es, als nicht intendierte Konsequenz, zu demokratisch argumentierten Forderungen nach „Renationalisierung" kommen.

Wie wichtig die EU und die Nation bzw. der Nationalstaat von Menschen empfunden werden, hängt nicht einzig und allein von deren realer Leistungsfähigkeit ab („Output-Legitimation"). Von großer Bedeutung ist auch die Legitimation durch Partizipation und die vorherrschende Hegemonie von Werten wie Demokratie, Selbstbestimmung und Souveränität („Input-Legitimation"). Die Nation stellt bisweilen die höchste Ebene der politischen Loyalitäten in Europa dar. Während es durchaus fraglich ist, ob jemand für die EU sterben würde, so steht es außer Zweifel, dass doch verhältnismäßig viele Menschen ihr Leben für die Verteidigung ihrer Nation opfern würden. Jeder europäische Nationalstaat hat immer noch seine Armee, in der die SoldatInnen auf ihr Vaterland vereidigt werden. Die EU zeigt, dass es möglich ist, eine multinationale, europäische politische Union zu entwickeln, wobei im Bereich der GASP die Nationalstaaten die Grenzen der Übertragung von Souveränität wiederholt aufzeigen.

Bei der Theoretisierung von Nationalismus und EU-Ablehnung in Kapitel 3 wurde deutlich, dass die Art der Konstruktion von Nation eine wichtige Rolle bei der Sicht auf Minderheiten und andere kulturell definierte Kollektive einnimmt. Die nationalstaatlichen Bildungssysteme tragen dazu bei, dass nationale Identitätsmuster von Kindesalter an eingeprägt werden. Die nationale Geschichtsschreibung ist bei genauer Betrachtung Teil des *Nation-Building* durch Eliten. Auch die Geschichte Österreichs zeigt das Funktionieren von *Social Engineering*. Die nationale Identität der Bevölkerung des heutigen Österreichs ist relativ neu. Nach dem Zweiten Weltkrieg gründete man die Zweite Republik, in klarer Abgrenzung zu den Jahren 1938 bis 1945, als man Teil des Deutschen Reiches unter der NS-Herrschaft war.

Die genaue Befassung mit der Konstruktion der österreichischen nationalen Identität verrät jedoch, dass manche Kernelemente über die Jahrzehnte dieselben geblieben sind. Dies mag nach den theoretischen Ausführungen über die Konstruktion von Nationen nicht verwundern. So erklärt zum Beispiel der „Ethno-Symbolismus" die Stärke des Nationalismus gerade durch die Generationen überdauernden Mythen und Symbole im kollektiven Gedächtnis von ethnischen Gruppen und Nationen. Eine Analyse der Konstruktion der österreichischen nationalen Identität zeigte, dass es diskursive Elemente und Traditionen gibt, welche als Ressource für die Artikulation von exklusivem Nationalismus dienen. Wenn PolitikerInnen diese Elemente und Traditionen im Rahmen von populistischem Nationalismus instrumentalisieren, so ist es möglich, dadurch EU-Ablehnung, Fremdenfeindlichkeit und Ausgrenzung von kulturellen oder religiösen Minderheiten zu fördern. Die empirischen Daten zeigen, dass der österreichische Nationalstolz einer der am stärksten ausgeprägten Europas ist. Dies bedeutet nicht automatisch vermehrte Intoleranz gegenüber Minderheiten, Fremdenhass oder EU-Skepsis. Es ist jedoch dadurch für rechtspopulistische PolitikerInnen einfacher als in manchen anderen Ländern, durch Politisierung der exklusiven Elemente der nationalen Identität einen gewissen Teil der Bevölkerung anzusprechen.

Die Erkenntnisse bezüglich der österreichischen Identität können für die Politik eine wichtige Hilfe bei der Beantwortung der Frage sein, weshalb nationalistische Populismen einen signifikanten Teil der österreichischen Bevölkerung ansprechen. Dabei geht es um die Akzeptanz der Erkenntnis, dass die nationale Identität der österreichischen Bevölkerung keine Tabula rasa ist, sondern sich über Generationen entwickelte. So sehr der Wunsch der politischen Eliten nach einem „neuen" Österreich nach den Schrecken des Zweiten Weltkrieges und des Holocausts nachzuvollziehen ist, so sehr muss man doch die diskursiven Traditionen der Nationskonstruktion kritisch reflektieren. Trotz diverser Brüche kann man gewisse Kontinuitäten bei der Konstruktion einer österreichischen Identität feststellen, welche den Rechtspopulisten Jörg Haider nicht als einen Ausnahmefall erscheinen lassen. Vielmehr lässt sich seit Karl Lueger eine diskursive Tradition feststellen, die wir auch heute noch, in teils abgewandelten Formen, beobachten können.

Oft sprechen PolitikerInnen von „europäischen Werten", welche für die Menschen in Europa eine gemeinsame kulturelle Basis bilden sollen. Man benötigt ethische Überzeugungen, welche über kollektive Ziele und die normative Struktur der politischen und gesellschaftlichen Institutionen orientieren.[433] Institutionen des Rechts und des Bildungswesens spielen bei der Erhaltung und Gestaltung dieser Werte eine tragende Rolle.

> Wir sehen sie [die Werte] in der Nähe von Überzeugungen, weil sie mit ihnen die ‚gewachsene Struktur' teilen, die ‚historische Tiefe' durch Fundierung in individuellen und historisch-kollektiven Erfahrungen, die sie mit der Identität des Kollektivs, mit seinem Selbstverständnis, eng verbunden sein lassen. [...] Sie gehören zur Lebensform im Sinne einer [...] grundlegenden kulturellen Strukturierung aller Lebensäußerungen. Als Werthaltungen werden sie dabei nicht nur von den Individuen und Gruppenüberzeugungen getragen, sondern auch von sie bewahrenden Institutionen wie dem Recht oder dem Bildungswesen.[434]

Dies bedeutet, dass Werthaltungen nicht nur von den einzelnen BürgerInnen getragen und vermittelt werden, sondern dass gerade die von der Politik gesteuerten Institutionen des Bildungswesens und des Rechts zentrale Faktoren dafür sind. Dies heißt, dass von den Erklärungen und Schlüssen dieser Arbeit Impulse für eine veränderte Politikgestaltung ausgehen können.

433 Vgl. Hans Joas & Christof Mandry, „Europa als Werte- und Kulturgemeinschaft", in: Gunnar Folke Schuppert (Hrsg.) *Europawissenschaft* (Baden-Baden, 2005), S. 541–572, hier S. 549.

434 Ebenda.

Literaturverzeichnis

Altvater, Elmar & Mahnkopf, Birgit, *Konkurrenz für das Empire. Die Zukunft der Europäischen Union in der globalisierten Welt* (Münster, 2007).

Anderson, Benedict, *Die Erfindung der Nation. Zur Karriere eines folgenreichen Konzepts* (Frankfurt am Main; New York, 1996).

Anderson, Christopher J., „When in Doubt, Use Proxies: Attitudes toward Domestic Politics and Support for European Integration", in: *Comparative Political Studies*, Ausg. 31, Nr. 5 (1998), S. 569–601.

Assmann, Jan, *Das kulturelle Gedächtnis. Schrift, Erinnerung und politische Identität in frühen Hochkulturen* (München, 1997).

Beck, Ulrich (Hrsg.), *Was ist Globalisierung? Irrtümer des Globalismus: Antworten auf Globalisierung.* 5. Auflage (Frankfurt am Main, 1998)

Beck, Ulrich & Grande, Edgar, *Das kosmopolitische Europa. Gesellschaft und Politik in der Zweiten Moderne* (Frankfurt am Main, 2007).

Berezin, Mabel, „Introduction / Territory, Emotion, and Identity: Spatial Recalibration in a New Europe", in: Mabel Berezin & Martin Schain (Hrsg.), *Europe without Borders. Remapping Territory, Citizenship, and Identity in a Transnational Age* (Baltimore, 2003), S. 1–32.

Bhabha, Homi, „Narrating the Nation", in: John Hutchinson & Anthony D. Smith (Hrsg.), *Nationalism* (Oxford, 1994), S. 306–311.

Bruter, Michael, „Civic and Cultural Components of a European Identity: A Pilot Model of Measurement of Citizens' Levels of European Identity", in: Richard K. Herrmann, Thomas Risse & Marilynn B. Brewer (Hrsg.), *Transnational Identities. Becoming European in the EU* (Oxford, 2004), S. 186–213.

Busek, Erhard, *Eine Seele für Europa. Aufgaben für einen Kontinent* (Wien, 2008).

Carey, Sean, „Undivided Loyalties: Is National Identity an Obstacle to European Integration?", in: *European Union Politics*, Ausg. 3, Nr. 4 (London, 2002), S. 387–413.

Carmichael, Cathie, „Conclusions: Language and National Identity in Europe", in: Stephen Barbour & Cathie Carmichael (Hrsg.), *Language and Nationalism in Europe* (Oxford, 2000), S. 280–289.

Castano, Emanuele, „European Identity: A Social-Psychological Perspective", in: Richard K. Herrmann, Thomas Risse & Marilynn B. Brewer (Hrsg.), *Transnational Identities. Becoming European in the EU* (Oxford, 2004), S. 40–58.

Cerutti, Furio, „Why political identity and legitimacy matter in the European Union", in: Furio Cerutti & Sonia Lucarelli (Hrsg.), *The search for a European identity. Values, policies and legitimacy of the European Union* (London, 2008).

D'Appolonia, A. C., „National and European Identities between Myths and Realities", in: Ulf Hedetoft (Hrsg.), *Political Symbols, Symbolic Politics: European Identities in Transformation* (Aldershot, 1998), S. 65–79.

Davies, Norman, *Europe: A history* (London, 1997).

Decker, Frank, „Die populistische Herausforderung. Theoretische und ländervergleichende Perspektiven", in: Frank Decker (Hrsg.), *Populismus: Gefahr für die Demokratie oder nützliches Korrektiv?* (Wiesbaden, 2006), S. 9–32.

Decker, Philipp, „The European Parliament elections in Austria will be the latest battleground in the far-right's challenge to the country's EU consensus", in: *EUROPP – European Politics and Policy* (Feb. 2014a).

Decker, Philipp, „One year into office, Austria's grand coalition is under pressure from the growing popularity of the far-right Freedom Party", in: *EUROPP – European Politics and Policy* (Oct. 2014b).

Decker, Philipp, „Nationalities without Nationalism? The cultural consequences of Metternich's nationality policy", in: *Nationalities Papers* (2022), S. 1–18.

Decker, Philipp, Braunstein, Jürgen & Campbell, David, „Interdisciplinarity as a Source of Relevance for Political Science", in: *Austrian Journal of Political Science*, 47(3), Dez. 2018, S. 19–32.

DeLamater, John, Katz, Daniel & Kelman, Herbert C., „On the Nature of National Involvement: A Preliminary Study", in: *Journal of Conflict Resolution*, Ausg. 13 (1969), S. 320–357.

Delanty, Gerard, *Inventing Europe: Idea, Identity, Reality* (London, 1995).

Díez Medrano, Juan, *Framing Europe: Attitudes to European Integration in Germany, Spain, and the United Kingdom* (Princeton, 2003).

Druckman, Daniel, „Nationalism, Patriotism, and Group Loyalty: A Social Psychological Perspective", in: *Mershon International Studies Review*, Ausg. 38, Nr. 1 (Apr. 1994), S. 43–68.

Druckman, James N., „On the Limits of Framing Effects: Who Can Frame?", in: *The Journal of Politics*, Ausg. 63, Nr. 4 (Oxford, Nov. 2001), S. 1041–1066.

Europäische Union, *Vertrag über eine Verfassung für Europa* (Luxemburg, 2005).

Flecker, Jörg & Kirschenhofer, Sabine, *Die populistische Lücke: Umbrüche in der Arbeitswelt und Aufstieg des Rechtspopulismus am Beispiel Österreichs* (Berlin, 2007).

Gabel, Matthew, *Interests and Integration: Market Liberalization, Public Opinion, and European Union* (Ann Arbor, 1998).

Gabel, Matthew, „Public Support for European Integration: An Empirical Test of Five Theories", in: *The Journal of Politics*, Ausg. 60, Nr. 2 (1998), S. 333–354.

Gellner, Ernest, *Nationalismus. Kultur und Macht* (Berlin, 1999).

Gilland, Karin & Goldmann, Kjell, „Nationality and Europeanisation: Conclusions", in: Kjell Goldmann und Karin Gilland (Hrsg.), *Nationality versus Europeanisation: the national view of the nation in four EU countries* (Stockholm, 2001), S. 166–184.

Griller, Stefan, „Ein Staat ohne Volk? Zur Zukunft der Europäischen Union", in: *IEF Working Paper*, Nr. 21 (Wien, Okt. 1996).

Guibernau, Montserrat *Nations without States. Political Communities in a Global Age* (Cambridge, 1999).

Gourevitch, Peter, „The second image reversed: The international sources of domestic politics", in: *International Organization*, Ausg. 32. Nr. 4 (1978), S. 881–912.

Hazard, Paul, *The European Mind. The Critical Years, 1680–1715* (Middlesex, 1964).

Heater, Derek, *The idea of European unity* (Leicester, 1992).

Heinisch, Reinhard, McDonnell, Duncan & Werner, Annika, „Equivocal Euroscepticism: How Populist Radical Right Parties Can Have Their EU Cake and Eat It", in: *Journal of Common Market Studies* 59(2) 2021, S. 189–205.

Hinsley, F. H., *Power and the Pursuit of Peace. Theory and Practice in the History of Relations between States* (Cambridge, 1963).

Hooghe, Liesbet & Marks, Gary, „Does Identity or Economic Rationality Drive Public Opinion on European Integration?", in: *Political Science and Politics*, Ausg. 37, Nr. 3 (Jul. 2004), S. 415–420.

Hooghe, Liesbet & Marks, Gary, „Calculation, Community and Cues: Public Opinion on European Integration", in: *European Union Politics*, Ausg. 6, Nr. 4 (London, 2005), S. 419–443.

Ifversen, Jan, „Europe and European culture – a conceptual analysis", in: *European Societies*, Ausg. 4, Nr. 1 (London, 2002), S. 1–26.

Jászi, Oscar, *The Dissolution of the Habsburg Monarchy* (Chicago, 1929).

Joas, Hans & Mandry, Christof, „Europa als Werte- und Kulturgemeinschaft", in: Gunnar Folke Schuppert (Hrsg.) *Europawissenschaft* (Baden-Baden, 2005), S. 541–572.

Johnson, Lonnie, „The Society and Its Environment", in: Eric Solsten & David E. McClave (Hrsg.), *Austria: a country study*, 2. Auflage (Washington, D.C., 1994), S. 65–116.

Kellas, J. G., *The Politics of Nationalism and Ethnicity* (London, 1991).

Knelangen, Wilhelm, „Ist die Europäische Union ein Fall für die Vergleichende Regierungslehre?", in: Johannes Varwick & Wilhelm Knelangen (Hrsg.), *Neues Europa – alte EU? Fragen an den europäischen Integrationsprozess* (Opladen, 2004), S. 113–132.

Kohli, Martin, „The Battlegrounds of European Identity", in: *European Societies*, Ausg. 2, Nr. 2 (London, 2000), S. 113–137.

Kymlicka, Will, *Multicultural Citizenship: A Liberal Theory of Minority Rights* (Oxford, 1995).

Laffan, Brigid, „The European Union and Its Institutions as ‚Identity Builders'", in: Richard K. Herrmann, Thomas Risse & Marilynn B. Brewer (Hrsg.), *Transnational Identities. Becoming European in the EU* (Oxford, 2004), S. 75–96.

Luif, Paul, „The Austrian View of Nationality", in: Kjell Goldmann & Karin Gilland (Hrsg.), *Nationality versus Europeanisation. The national view of the nation in four EU countries* (Stockholm, 2001), S. 85–125.

Marin, Bernd, *Antisemitismus ohne Antisemiten: Studien zur Vorurteilsdynamik* (Frankfurt am Main; New York, 2000).

Martet, M. Jean, „M. Clemenceau and the Versailles Peace Treaty", in: *Journal of the Royal Institute of International Affairs*, Vol. 9, Nr. 6 (Blackwell, Nov. 1930), S. 783–800.

McLaren, Lauren M., „Public Support for the European Union: Cost/Benefit Analysis or Perceived Cultural Threat?", in: *The Journal of Politics*, Ausg. 64, Nr. 2 (Mai 2002), S. 551–566.

Meinhof, Ulrike Hanna, „Europe Viewed from Below: Agents, Victims, and the Threat of the Other", in: Richard K. Herrmann, Thomas Risse & Marilynn B. Brewer (Hrsg.), *Transnational Identities. Becoming European in the EU* (Oxford, 2004), S. 214–246.

Menasse, Robert, „Es war zweimal: Der Wiederholungszwang in der Zweiten Republik", in: *Ein-Sichten und Vor-Bilder. Überlegungen, Materialien und Texte zur Identität Österreichs* (Schulheft 66, 1992), S. 23–32.

Michalski, Krzysztof, *Die geistige und kulturelle Dimension Europas: Reflexionsgruppe der Europäischen Kommission* (Europäische Kommission, 2004).

Mummendey, Amélie & Waldzus, Sven, „National Differences and European Plurality: Discrimination or Tolerance between European Countries", in: Richard K. Herrmann, Thomas Risse & Marilynn B. Brewer (Hrsg.), *Transnational Identities: Becoming European in the EU* (Oxford, 2004), S. 59–74.

Özkirimli, Umut, *Theories of Nationalism. A Critical Introduction* (New York, 2000).

Pelinka, Anton, „Österreichische und jüdische Identität", in: Anton Pelinka, Huber Sickinger & Karin Stögner, *Kreisky Haider: Bruchlinien österreichischer Identitäten* (Wien, 2008), S. 1–23.

Pfetsch, Frank R. *Die Europäische Union. Geschichte, Institutionen, Prozesse*, 3. Auflage (Paderborn; München, 2005).

Pfetsch, Frank R., *Das neue Europa* (Wiesbaden, 2007).

Pollak, Johannes, *Repräsentation ohne Demokratie. Kollidierende Systeme der Repräsentation in der Europäischen Union* (Wien; New York, 2007).

Pollak, Johannes & Slominski, Peter, *Das politische System der EU* (Wien, 2006).

Posener, Alan, *Imperium der Zukunft: Warum Europa Weltmacht werden muss* (München, 2007).

Quaisser, W. & Wood, S. „The ‚New European Union' – Characteristics, Contradictions and Challenges", in: *Kurzanalysen und Informationen des Osteuropa-Instituts Regensburg*, Nr. 30 (Regensburg, Febr. 2008).

Richmond, A. H., „Ethnic Nationalism and Post-Industrialism", in: John Hutchinson & Anthony D. Smith (Hrsg.) *Nationalism* (Oxford, 1994), S. 289–299

Riley, Patrick, *Leibniz. Political writings* (Cambridge; New York, 1992).

Risse, Thomas, „European Institutions and Identity Change: What Have We Learned?", in: Richard K. Herrmann, Thomas Risse & Marilynn B. Brewer (Hrsg.), *Transnational Identities. Becoming European in the EU* (Oxford, 2004), S. 247–272.

Risse, Thomas, „Social Constructivism and European Integration", in: Antje Wiener & Thomas Diez (Hrsg.), *European Integration Theory* (Oxford, 2004), S. 159–176.

Rittberger, Berthold, *Die Europäische Union. Politik, Institutionen, Krisen* (München, 2021).

Sbragia, Alberta, „Italy Pays for Europe: Political Leadership, Political Choice, and Institutional Adaptation", in: Maria Green Cowles, James Caporaso & Thomas Risse (Hrsg.), *Transforming Europe: Europeanization and Domestic Change* (Ithaka, NY, 2001), S. 79–96.

Sbragia, Alberta M. (Hrsg.), *Euro-Politics. Institutions and Policymaking in the „New" European Community* (Washington D.C., 1992).

Scharpf, Fritz, *Regieren in Europa. Effektiv und demokratisch?* (Frankfurt/M.; New York, 1999).

Schmidt, Paul, „Austria: Taking a Walk on the Wild Side", in: Michael Kaeding, Johannes Pollak & Paul Schmidt (Hrsg.) *Euroscepticism and the Future of Europe: Views from the Capitals* (Cham, 2021), S. 5–8.

Schmitter, Philippe C., *How to democratize the European Union ... and why bother?* (Lanham, Md., 2000).

Smith, Anthony D., *Nations and Nationalism in a Global Era* (Cambridge, 1995).

Smith, Anthony D., „National Identity and the Idea of European Unity", in: Peter Gowan & Perry Anderson (Hrsg.), *The Question of Europe* (London, 1997), S. 318–344.

Smith, Anthony D., „National Identity and the Idea of European Unity", in: *International Affairs (Royal Institute of International Affairs)*, Ausg. 68, Nr. 1 (Jan. 1992), S. 55–76.

Smith, Anthony D., *Nationalism* (Cambridge, 2001).

Smith, Anthony D., *The Cultural Foundations of Nations: Hierarchy, Covenant, and Republic* (Oxford, 2008).

Smith, Tom W. & Kim, Seokho, „National Pride in Cross-national and Temporal Perspective", in: *International Journal of Public Opinion Research*, Nr. 18 (Spring, 2006), S. 127–136.

Smutny, Florian, *Das Nationale. Aktuelle Impulse für die Nationalismustheorie* (Wien, 2004).

Spier, Tim, „Populismus und Modernisierung", in: Frank Decker (Hrsg.), *Populismus: Gefahr für die Demokratie oder nützliches Korrektiv?* (Wiesbaden, 2006), S. 33–58.

Spohn, Willfried, „Austria: From Habsburg Empire to a Small Nation in Europe", in: Atsuko Ichijo & Willfried Spohn (Hrsg.), *Entangled Identities: Nations and Europe* (London; New York, 2005), S. 55–71.

Staudinger, Anton, „Die nationale Frage im Österreich der Ersten und Zweiten Republik", in: Erich Zöllner (Hrsg.), *Volk, Land und Staat: Landesbewußtsein, Staatsidee und nationale Fragen in der Geschichte Österreichs* (Wien, 1984), S. 168–179.

Steenbergen, Marco R. & Jones, „Modeling Multilevel Data Structures", in: *American Journal of Political Science*, Ausg. 46 (2002), S. 218–237.

Szczerbiak, Aleks & Taggart, Paul, „Introduction: Researching Euroscepticism in European Party Systems: A Comparative and Theoretical Research Agenda", in: Aleks Szczerbiak & Paul Taggart (Hrsg.), *Opposing Europe? The Comparative Party Politics of Euroscepticism* (New York, 2008), S. 1–27.

Tajfel, Henri, *Human Groups and Social Categories: Studies in Social Psychology* (Cambridge, 1981).

Tálos, Emmerich, *Vom Siegeszug zum Rückzug: Sozialstaat Österreich 1945–2005* (Innsbruck, 2005).

Tilly, Charles, *The Formation of National States in Western Europe* (Princeton, 1975).

Wagner, Gerhard, *Projekt Europa. Die Konstruktion europäischer Identität zwischen Nationalismus und Weltgesellschaft* (Berlin, 2005).

Weidenfeld, Werner, „Europäische Einigung im historischen Überblick", in: Werner Weidenfeld & Wolfgang Wessels (Hrsg.), *Europa von A bis Z. Taschenbuch der europäischen Integration* (Bonn, 2006), S. 13–48.

Wiebe, Robert H., *Who we are. A History of Popular Nationalism* (Princeton, 2002).

Wimmer, Hannes, *Evolution der Politik: Von der Stammesgesellschaft zur modernen Demokratie* (Wien, 1996).

Wimmer, Hannes, *Die Modernisierung politischer Systeme. Staat, Parteien, Öffentlichkeit* (Wien [u. a.], 2000).

Wodak, Ruth & Pelinka, Anton (Hrsg.), *The Haider Phenomenon in Austria* (New York, 2017).

Zaller, John R., *The Nature and Origins of Mass Opinion* (Cambridge, 1992).

Zaretsky, Eli, „The Birth of Identity Politics in the 1960s: Psychoanalysis and the Public/Private Division", in: Mike Featherstone, Scott Lash & Roland Robertson (Hrsg.), *Global Modernities* (London, 1995), S. 244–259.

Quellen

Der Standard, „Standard-Umfrage: 70 Prozent der Österreicher sehen EU auf falschem Kurs" (11.05.2014)

Spezial Eurobarometer 307, „Rolle und Einfluss lokaler und Regionaler Gebietskörperschaften innerhalb der Europäischen Union", Herbst 2008.

Standard-Eurobarometer 70, „Erste Ergebnisse", in: *TNS opinion & social* (Herbst 2008).

Standard-Eurobarometer 96, „Die öffentliche Meinung in der Europäischen Union", Winter 2021–2022.

Statistik Austria, *Statistisches Jahrbuch: Migration & Integration* (Wien, 2020)

FSC
www.fsc.org
MIX
Papier | Fördert
gute Waldnutzung
FSC® C083411

Kolibri 360 GmbH
Ferdinand-Jühlke-Straße 7
99095 Erfurt, Deutschland
produktsicherheit@kolibri360.de